SECRET PLACES BAYERN

55 unbekannte Traumreiseziele abseits des Trubels

SECRET PLACES BAYERN

55 unbekannte Traumreiseziele abseits des Trubels

Jochen Müssig und Margit Kohl

BRUCKMANN

INHALT

↑ Sonnenuntergang am Fohnsee bei Iffeldorf
↓ Das Königshaus am Schachen, Leonhardiritt in Benediktbeuern, Surfer am Walchensee, Wehrgang in Nördlingen, Bauernhof mit Lüftlmalerei, Bernried (von links nach rechts)

OBERPFALZ 104

OBERFRANKEN 122

MITTELFRANKEN 138

↑ Mainschleife bei Volkach
↓ Zauberwald beim Hintersee, Starnberger See mit Roseninsel und Zugspitze, Figuren der Feldherrnhalle am Odeonsplatz in München, das Sisi-Schloss in Possenhoffen, Kloster Andechs (von links nach rechts)

Der Kurpark in Bad Steben mit der Säulenwandelhalle – einst königlich Bayerisches Staatsbad – steht unter Denkmalschutz.

Erfurt
Saale
Jena
Gera
Chemnitz
Eisenach
Bad Hersfeld
Thüringen
Sachsen
Zwickau
Hessen
Meiningen
Suhl
Fulda
Plauen
Bischofshm. a. d. Rhön
45
Mödlareuth
Frankenwald
42
Hof
Bad Brückenau
41
Coburg
43
Kronach
Bad Kissingen
Roter Main
44
Kulmbach
Selb
Hammelburg
Königsberg
Bad Staffelstein
51
Main
39
Waldsassen
TSCHECHIEN
Schweinfurt
Aschaffenburg
Werneck
Karlstadt
Bad Berneck
Bayreuth
38
Mespel-brunn
53
Markt-heidenfeld
Hallstadt
Bamberg
Tirschenreuth
55
Volkach
Main
40
Levi-Strauss-Museum
Buttenheim
PLZEŇ
Würzburg
Pottenstein
50
Forchheim
Weiden i. d. Oberpfalz
Miltenberg
54
Ochsenfurt
Aischgrund
46
Grafenwöhr
Regnitz
Erlangen
Pegnitz
36
Hirschau
Neustadt a. d. Aisch
Hersbruck
Oberviechtach
Fürth
34
Amberg
Rothenburg o. d. Tauber
48
Jugend-herberge
Nürnberg
Feucht
Schwandorf
52
Lohr
Ansbach
Schwabach
Neumarkt i. d. Opf.
Furth i. Wald
35
Baden-
Main-Donau-Kanal
Naab
Regen
Cham
Feuchtwangen
Gr. Brombachsee
Heilbronn
Altmühlsee
Gunzenhausen
Bratwurst-kuchl
37
32
Weißenburg i. Bayern
Beilngries
Dinkelsbühl
Altmühl
47
Regensburg
Zwiesel
Altmühltal
Waldhäuser
49
Pappenheim
Donau-durchbruch
29
31
Regen
33
Weltenburg
Straubing
Deggendorf
Grafenau
Neuschönau
25
Nördlingen
Eichstätt
27
Freyung
Schwäbisch Gmünd
STUTTGART
Ingolstadt
Saldenburg
28
Dreiburgen-land
Donau
Tittling
Donauwörth
Ergoldsbach
Donau
Württemberg
Lech
Isar
Landau a. d. Isar
Vils
Mainburg
Neckar
30
Passau
Paar
Landshut
Dillingen a. d. Donau
Pfaffenhofen
Reutlingen
Günzburg
20
Aichach
Vilsbiburg
10
Rott
Bad Füssing
21
Freising
Eggenfelden
Ulm
Neu-Ulm
Augsburg
Amper
Inn
24
Vils
Erding
Mühldorf am Inn
Neuötting
Dachau
Ibstadt
Krumbach
Illertissen
Fürsten-feldbruck
Haag
1
Altötting
15
16
Burghausen
Germering
MÜNCHEN
Wasserburg
Mindel-heim
23
Ammer-see
Wörthsee
Pilsensee
Starnberg
Trostberg
Landsberg a. Lech
Memmingen
26
Fünf-Seen-Land
11
Isar
Inn
Lech
Wolfrats-hausen
Laufen
Ottobeuren
Raisting
17
Chiemsee
Rosenheim
12
Traunstein
Kaufbeuren
22
Prien
Herren-chiemsee
Iller
Starnberger See
Anger
2
SALZBURG
Schongau
9
Bad Tölz
Aschau
Kempten (Allgäu)
Markt-oberdorf
Fohnsee
18
Tölzer Land
Wendelstein 1838
3
Friedrichs-hafen
Staffelsee
Bad Reichenhall
4
6
Purtschellerhaus
Murnau
5
Tegernsee
Schliersee
Konstanz
Kochelsee
Benedikt-beuern
Rottach-Egern
Kiefers-felden
Berchtesgaden
7
Obersalzberg
Bodensee
Lindenberg
Forggensee
Blaues Land
Watzmann 2713
Königssee
Alpsee
Grünten 1738
Füssen
Garmisch-Partenkirchen
8
Walchensee
14
Lindau
Immenstadt
13
Schloss Kranzbach
Bregenz
Nebelhorn 2224
Eibsee
Klais
St. Gallen
Oberstdorf
Lech
19
Zugspitze 2962
Mittenwald
ÖSTERREICH
N
Rhein
SCHWEIZ
Innsbruck
0
20 km

VORWORT

»HAU DI HERRA, SAMMA MERRA!«

Wo Kunst in der Luft liegt und die meisten Kirschen wachsen.
Wo eine ganze Stadt einfach verschenkt wurde und ein kleiner Ort
den ersten Schritt vom analogen ins digitale Zeitalter schaffte.
Bayern ist ohne seine weltbekannten Highlights wie Neuschwanstein
oder das Oktoberfest in mancher Hinsicht vielleicht sogar noch spannender …

← Auf geht's zum Fest! Sehen die Kinder beim Leonhardiritt in Benediktbeuern nicht fesch aus?
↙ Ach, ist das schön! Oberbayern wie im Bilderbuch: Oder wer würde diese beiden Frauen in ihrem Tretboot auf dem Staffelsee nicht beneiden?

Ist über Bayern nicht schon alles geschrieben worden? Laptop und Lederhose. Bierdunst und Weihrauch. Bayern und München. Alles bekannt. Doch in diesem Buch geht es um »Secret Places«, welche die Einheimischen zwar kennen, aber von denen die meisten Fremden noch nie etwas gehört haben. Ein Berliner zuckt bei der Frage nach dem Fünfseenland die Schultern. Der Münchner kennt es natürlich, kann er doch mit der S-Bahn hinfahren. Aber selbst so mancher Münchner antwortet mit fragendem Blick, wenn es darum geht, die Drückebergergasse in seiner Stadt zu lokalisieren, deren Geschichte mehr sagt, als so manches Geschichtsbuch. Ein Hamburger kennt sie sowieso nicht …

Bayern gehört zu den beliebtesten Bundesländern Deutschlands. Und in Bayern ankommen heißt für viele im Ferienland ankommen. Dort, wo der Wildbach rauscht, ein See im Sonnenlicht glitzert, wo Bergkämme ihren schmalen Grat in die Höhe recken, gefleckte Kühe glücklich grasen und die Luft nach Natur und Sommer riecht. So manches Klischee straft einen dabei nicht einmal mit Lügen.

»Die beste Bildung findet ein gescheiter Mensch auf Reisen«, sagte einst Goethe. Und Jean Paul wusste zu ergänzen: »Nur Reisen ist Leben, wie umgekehrt das Leben Reisen ist.« Doch wohin soll die Reise gehen? Die Welt ist groß und schön. Aber die Welt hat durch ein mediales Überangebot viel von ihrer Exotik und durch Corona viel an Erreichbarkeit verloren. Umso wichtiger war es uns, sich der Heimat* neu und neugierig zu nähern, Plätze in Bayern zu finden, die vielleicht noch nicht so bekannt, aber dennoch ein Erlebnis sind. Mödlareuth zum Beispiel: schon mal gehört? Aber mehr schon auch nicht. Schade! Dort wurde deutsche Geschichte geschrieben. Oder der Aischgrund, wo es in herrlicher Natur die besten Karpfen gibt. Das Blaue Land, in dem die Künstlerkolonie des Blauen Reiters ihre Heimat fand. Oder kennen Sie Volkach an der wunderbaren Mainschleife? Es ist das beste Weingebiet in Franken – und damit auch in Bayern. Wussten Sie, dass Kühe im Berchtesgadener Land zum Almabtrieb mit dem Boot fahren dürfen oder auf einer Berghütte die Grenze zu Österreich mitten durchs Haus verläuft? 55 solcher Orte haben wir gesucht und gefunden: spannende Ziele und Entdeckungen in Franken, der Oberpfalz, Bayerisch Schwaben und natürlich in Ober- und Niederbayern. Eine Entdeckung, sagt das Konversationslexikon, ist die Auffindung dessen, was schon vorhanden, aber noch nicht bekannt war. Wir zeigen Ihnen so manche Entdeckung in diesem Buch.

Während Corona, so hat es sich in den letzten Jahren herausgestellt, bleiben die Reiseweltmeister lieber zuhause. Noch lieber, müsste es eigentlich heißen, denn Deutschland war schon immer der Deutschen Urlaubsziel Nummer Eins, weit vor Spanien, Italien oder Österreich. Und Bayern wiederum ist innerhalb Deutschlands der Primus: Inklusive Kurzreisen verbringen laut Forschungsgemeinschaft Urlaub und Reisen (FUR) aktuell 75 Prozent aller Deutschen ihre Urlaube im eigenen Land, am liebsten in Bayern, dicht gefolgt von Mecklenburg-Vorpommern.

Die Überschrift dieses Vorworts heißt übrigens ins Hochdeutsche übersetzt: Setz dich dazu, dann sind wir mehr. Im Biergarten gilt der Satz wie ein ungeschriebenes Gesetz. Es ist eine herzliche Einladung, die wir hier gerne übersetzen, weil sie für viele nicht ganz so herzlich klingt, sie aber wirklich so gemeint ist. Willkommen in unserem Bayern!

* Die Autoren dieses Buches sind Bayern und leben in München. Margit Kohl ist in Oberfranken geboren, in der Oberpfalz aufgewachsen, absolvierte in Niederbayern ihr Abitur und in München ihr Studium. Jochen Müssig ist Würzburger, hat in Nürnberg Abitur und in München seinen Uni-Abschluss gemacht.

Der romantische Hintersee bei Ramsau ist eingebettet in einen sagenhaft schönen Zauberwald und umgeben von steil aufragenden Gipfeln.

OBERBAYERN

Berge, Seen und Kultur

1

WUNDER ÜBER WUNDER – ALTÖTTING

IM HERZKAMMERL BAYERNS

Als ältester und berühmtester Wallfahrtsort Bayerns spielt Altötting seit je eine wichtige Rolle im Seelenleben der Bevölkerung. Mehr als 2000 Votivtafeln säumen den Umgang der Gnadenkapelle mit der legendären Schwarzen Madonna. Im mystischen Dunkel der Kapelle ließen bayerische Könige, Herzöge und Kurfürsten ihre Herzen in silbernen Urnen bestatten.

Sie gehört zu den bestgekleideten ihrer Art, denn passend zur Liturgie stehen der legendären Schwarzen Madonna 21 sogenannte Gnadenröckl zur Verfügung, deren Stoffe vielfach von Brautkleidern bayerischer Prinzessinnen stammen. Eine Mutter soll einst ihren kleinen Jungen, der im Stadtbach ertrunken war, in die Gnadenkapelle gebracht und Maria um Hilfe gebeten haben. Nachdem das Kind wieder zum Leben erwachte, reihte sich bis zur Gegenwart Wunder an Wunder und macht Altötting seit mehr als 500 Jahren zum bedeutendsten Marienwallfahrtsort im deutschsprachigen Raum. Vergleichbar mit Lourdes, Fatima, Guadeloupe, den vielen anderen Marienpilgerorten weltweit. Nach Altötting kommen mehr als eine Million der religiösen Besucher jedes Jahr, etwa 50 000 sollen den Weg sogar zu Fuß auf sich nehmen.

Magischer Ort der Volksfrömmigkeit

Alle versammeln sich auf dem Kapellplatz, einem der schönsten Stadtplätze Deutschlands, geplant vom Münchner Hofbaumeister Enrico Zuccalli Ende des 17. Jahrhunderts. Alle Kieselsteinwege laufen hier dem Zentrum zu, in dem eine kleine, von außen beinah unscheinbar wirkende Kapelle steht: ein achtseitiges Baptisterium vom Anfang des 8. Jahrhunderts, an das 1494 ein Langhaus angefügt wurde. Die Gnadenkapelle ist der absolute Mittelpunkt Altöttings. Das barocke Innere und der angebaute überdachte Umgang schmücken mehr als 2000 Votivtafeln. Sie erzählen herzzerreißende Geschichten, in denen in der Not die Hilfe Marias erfleht oder sich bedankt wird, wenn Unheil überstanden wurde. Beinprothesen, Gehhilfen und Armschienen sind zwischen die Bilder drapiert. Gläubige nehmen eines der vielen Holzkreuze im Arkadenumlauf und umrunden auf Knien betend die Gnadenkapelle. Manche nur einmal, manche unzählige Male. Ein archaisches Ritual der Reinigung und Buße.

← Gelebte Volksfrömmigkeit: Der Umgang der Gnadenkapelle ist voll von mehr als 2000 Votivtafeln.

Es ist ein magischer Ort der Volksfrömmigkeit, unter dessen Arkaden man gerne verweilen mag, um all die Geschichten auf den Votivtafeln zu studieren. Auch manch Kurioses ist zu entdecken, wie etwa eine Danksagung dafür, dass Maria nicht geholfen hat und man so das Beten gelernt habe. Oder der Dank für den bestandenen Realschulabschluss. Dass Maria auch in modernen Zeiten hilft, zeigt ein Votivtäfelchen von 1992, auf dem geschrieben steht: »Um ein Haar hätt mich erschlagen die Eiskugel vom Flugzeug aus, Dank für Rettung will ich sagen der Gnadenmutter im Gotteshaus.« Und im Gemälde ist zu erkennen, wie eine große Eiskugel von einem Flugzeug herunterfällt und einen jungen Wanderer nur knapp verfehlt. Anbringen darf man so eine Tafel nicht selbst. Die Wallfahrtsadministration entscheidet, welches Votivbild einen Platz bekommt, wenn beispielsweise witterungsbedingt marod gewordene Tafeln abgenommen werden müssen.

Im mystischen Dunkel

Wer das Innere der Gnadenkapelle betritt, wird gleichsam von der stockfinsteren Dunkelheit des Altarraums eingesaugt. Es dauert eine Weile, bis sich die Augen an den höhlenartigen Raum gewöhnt haben und allmählich eine Frau erkennen, die in einer Nische fast lautlos einen Rosenkranz murmelt. Auch die Geräusche scheint die Dunkelheit aufgesogen zu haben, denn die Pilger betreten den kleinen, oktogonalen Raum fast lautlos wie auf Zehenspitzen. Nachtschwarze Wände schlucken das Licht der Kerzen. Nur der Altar, in dessen Mitte ein Schrein mit der Schwarzen Mutter Gottes thront, schimmert in Gold und Silber. Die kaum mehr als 64 Zentimeter große Lindenholzfigur ist vom Ruß der Kerzen über die Jahrhunderte dunkel geworden.

In den Kapellnischen sind zahlreiche silberne Urnen zu erkennen, in denen die Herzen von bayerischen Königen, Herzögen und Kurfürsten, u. a. Kaiser Karl VII. und Ludwig II., sowie dem kaiserlichen Feldherrn Tilly aufbewahrt werden. Nicht alle der 27 Herzuhren sind zu sehen, was hier keinen Platz mehr fand, ruht unterm Pflasterboden.

Der erzkatholische Kurfürst Maximilian I. hatte seinen Glauben in einem mit seinem eigenen Blut geschriebenen Brief besiegelt und als Erster seinen Körper in München, aber sein Herz in Altötting bestatten lassen. Die meisten Wittelsbacher Regenten taten es ihm nach. Herzurnen: Auch sie sind eine Altöttinger Besonderheit, die vielen Auswärtigen bizarr erscheinen mag. Man kann noch so kritisch oder ungläubig sein, der Faszination Altöttings entzieht sich letztendlich keiner.

Der Sensenmann

Draußen am Kapellplatz treffen indes die Wallfahrer schubweise in Gruppen ein, es ist ein An- und Abschwellen wie bei Ebbe und Flut. Besonders magisch ist die Stimmung, wenn die Pilger samstagabends die Kapelle in einer Lichterprozession umrunden. Reichlich Kundschaft für die vielen Devotionalienhandlungen, die neben den üblichen Rosenkränzen und Weihwasserfläschchen auch Ausgefallenes wie Berührungsreliquien, schwarze Wetterkerzen oder Weihrauchpralinen anbieten.

In der großen Stiftspfarrkirche St. Philipp und St. Jakob seitlich der Gnadenkapelle ist es indes noch ruhig zur frühen Stunde. Ein Vater steht mit seinem Sohn vor einer Standuhr gleich neben dem Eingang: ein fünf Meter hoher Holzturm in dunkler Eiche. Ganz oben auf dem Uhrkasten steht ein Knochenmann und senst seit der Pest im 17. Jahrhundert die Sekunden. Es wirkt wie eine große Inszenierung auf einer Theaterbühne. »Den Tod von Eding (= Altötting) fand ich schon als Kind gruslig, weil jedes Mal, wenn er die Sense schwingt, ein Mensch sterben soll«, sagt der Vater. In der Stille des spätgotischen Kirchenschiffs ist die Mechanik des Uhrwerks zu hören. Das Sterben der Zeit und die eigene Vergänglichkeit. Der Sohn lässt sich nicht schrecken, beobachtet den sensenden Knochenmann ganz genau und sagt: »Geh Papa, kannst des Uhrwerk ned a bissel langsamer drehen, des merkt doch koaner.«

↗ Archaisches Ritual der Buße: Mit solchen Holzkreuzen umrunden manche Gläubige betend die Gnadenkapelle.
← Klein, aber überwältigend: die Gnadenkapelle auf dem Kapellplatz von Altötting

INFO

WEIHRAUCHMUSEUM
Der Duft von Weihrauch gehört fest zu Altötting, ist er doch seit etwa 1570 als Sinnbild der Festlichkeit eng mit der Kirche verbunden. Doch schon vor 3500 Jahren erkannten verschiedene Völker die wohltuende Wirkung des Weihrauchs für ihre Lebensumgebung. Der Rauch hatte sowohl praktische als auch mystische Bedeutung, er desinfizierte die Luft und wurde in Salben für Gelenke und Haut verwendet. Auch die Pharaonen und die Römer gebrauchten Weihrauch bei ihren Kulthandlungen. Im Altöttinger Weihrauchmuseum, dem ein Konzept-Laden angeschlossen ist, lüftet man viele Geheimnisse des getrockneten Baumharzes, das als reines Naturprodukt in Oman, Afrika oder Indien geerntet wird. Im Museum beginnt die kleine Entdeckungsreise mit dem Blick auf große Säcke voller Weihrauchstücke und reicht bis zu einer Einführung in die Kunst des Räucherns.

WEITERE INFORMATIONEN
Wallfahrts- und Tourismusbüro, Kapellplatz 2 a, 84503 Altötting, Tel. 08671 50 62-19, www.altoetting.de. Lichterprozessionen jeden Sa. Mitte April – Ende Aug. ab 20 Uhr, Sept./Okt. ab 19 Uhr; große Lichterprozession am Vorabend von Maria Himmelfahrt (14. Aug.) ab 19 Uhr. Weihrauchmuseum und Manufaktur Kilwing, Kapellplatz 2, Tel. 08671 95 71 06-0, www.weihrauch-manufaktur.de

Im Weihrauchmuseum von Altötting gibt es verschiedene Harzsorten aus aller Welt auch zu kaufen.

2

DER BILDERBUCHDORFPLATZ – ANGER

AUF DER RASENWEIDE

Eine mächtige Kirche, die sich auf einem Hügel über die oberbayerische Landschaft erhebt und ein paar Häuser, die sich um einen großen unbebauten Rasendorfplatz reihen, der stilprägend für den Ort ist. Schon für König Ludwig I. war das heute unter Denkmalschutz stehende Ensemble von Anger das schönste Dorf Bayerns.

Wenn die Welt dank Digitalisierung immer mehr zum Dorf wird, kann man eigentlich gleich im Dorf bleiben. Erst recht, wenn es sich um einen so schönen Ort wie Anger handelt, von dem schon König Ludwig I. 1841 schwärmte: »Von nun an ist hier das schönste Dorf in meinem Königreich!« Die kleine Pfarrgemeinde Anger, 11 Kilometer nördlich von Bad Reichenhall auf dem Bergrücken des Högl gelegen, kann man wirklich kaum verfehlen, überragt doch der markante barocke Kirchturm von St. Mariä Himmelfahrt weithin sichtbar die Landschaft. Dass dieses Dorf mit seinen gerade mal 4300 Einwohnern etwas ganz Besonderes ist, sieht man sofort an seiner weitläufigen unbebauten Rasenfläche mitten im Zentrum, die absolut stilprägend für den ganzen Ort ist.

Im Guinnessbuch der Rekorde

Das Wort Anger war in den germanischen Sprachen gleichbedeutend mit einem grasbewachsenen Dorfplatz, um den sich Häuser und Gehöfte angesiedelt haben. Hier fanden schon immer Dorffeste statt, wurden die Tiere von Durchreisenden geweidet, oder man hat das eigene Vieh über Nacht vor dem Schlachten hier zusammengetrieben. Vielerorts sind solche Freiflächen längst aus dem Dorfbild verschwunden und bebaut worden. In Anger gibt es den weitläufigen Rasendorfplatz aber noch immer. Und das soll auch so bleiben, denn das Ensemble samt grünem Anger steht unter Denkmalschutz. Um den großen, ellipsenförmigen Platz reihen sich Wohn- und Handwerkerhäuschen mit Schopfwalmdächern und Holzbalkonen mit üppigem Blumenschmuck. Auf dem Rasenplatz selbst darf natürlich auch ein Maibaum nicht fehlen, und an sonnigen Tagen strahlt auf einer hohen Mariensäule die vergoldete Figur der Patrona Bavariae mit der Sonne um die Wette.

Doch nicht nur zur Kirchweih geht es rund auf dem Dorfplatz. 2012 haben es die Anger Bürger sogar ins Guinnessbuch der Rekorde geschafft. Als in der Nachbarschaft der Ferdinand-Porsche-Enkel Hans-Peter Porsche ein Museum für seine historische Spielzeugsammlung bauen ließ, durchstöberten auch die Angerer ihre Keller und Speicher nach eingemotteten Spielzeugautos aus ihrer Kindheit. Etwas Werbung für ihre Gemeinde und das neue Museum könnte nicht schaden, dachte der Bürgermeister damals. Und als die Spielzeugautoschlange zweieinhalb Mal um den Dorfplatz reichte, war klar, das ist Weltrekord: 9007 Spielzeugautos in einer 959,30 Meter langen Schlange!

← Markante Fernwirkung: Die doppelte Zwiebelhaube des Kirchturms von St. Mariä Himmelfahrt in Anger ist in der Landschaft unübersehbar.
↓ Porsches in Spielzeuggröße und auch im Original zeigt die Privatsammlung »TraumWerk«.

INFO

PORSCHES SPIELZEUG

Aufwendig und hochwertig hergestellt, war Blechspielzeug früher das Hightech-Gadget seiner Zeit. Für solch technische Perfektionen konnte sich Hans-Peter Porsche schon immer begeistern. Der Enkel des legendären Firmengründers Ferdinand Porsche pflegte zeitlebens eine Sammelleidenschaft für Spielzeug, Modelleisenbahnen und Oldtimer. In seiner umfangreichen Privatsammlung »TraumWerk« in Anger-Aufham kann man auf 5500 Quadratmetern Ausstellungsfläche die Vielseitigkeit und den Wandel des Spielzeugs über die Jahrzehnte anhand von Blechspielzeug, Stofftieren, Auto-, Flug- und Schiffsmodellen studieren und so eine Zeitreise in die Vergangenheit unternehmen. Außerdem werden in eigens vorgesehenen Ausstellungsflächen zu wechselnden Themen seltene Exponate der privaten Oldtimersammlung von Hans-Peter Porsche in Szene gesetzt. Dabei handelt es sich allerdings um Autos in Originalgröße (www.traumwerk.de).

WEITERE INFORMATIONEN

Tourist-Information: www.anger.de
Unterkunft/Restaurant: Wellness-Natur-Resort Gut Edermann, www.gut-edermann.de

3

DAS BANKERLDORF – ASCHAU IM CHIEMGAU

HOCK DI NIEDER!

Als die Aschauer erkannten, dass sie in ihrer Gemeinde besonders viele Sitzgelegenheiten hatten, kamen sie auf eine ausgefallene Idee. Sie ersannen Themen-Bänke und brachten diese speziell mit einer exponierten Landschaft oder einer besonderen Lokalität vor Ort in Verbindung. Ein Dorf im Bankerl-Fieber!

Aschau ist kein Ort für Eilige. Im Gegenteil. Sogar Besucher merken hier recht schnell, dass die Gemeinde einen ausgeprägten Sinn für Entschleunigung hat, schließlich verfügt sie über Europas größte Bankendichte. Mehr als 500. Nicht Geldinstitute, sondern Bänke zum Hinsetzen und Verweilen. Davon sind 200 ganz besondere Themenbänke und sieben als Naturkino gestaltete Blickwinkel in die Landschaft: »Mit dem Ofenrohr ins Gebirge schauen« ist eine davon. Da wird jedes Niedersetzen zum Erlebnis und auf einem Entschleunigungsweg kann man sogar von Bank zu Bank wandern.

Nur für gestresste Finanzbeamten gibt es ein eigenes Ferien- und Erholungsheim im über dem Ort thronenden Schloss Hohenaschau. Ursprünglich gehörte das Schloss den Cramer-Kletts, die zu den wichtigsten Industriepionieren Bayerns gehörten und Aschau einst zu Wohlstand verhalfen, als sie Mitte des 19. Jahrhunderts das Schloss mit den umliegenden Ländereien kauften und eine Eisenbahnverbindung ins Tal legen ließen. Ehrensache, dass es auch ein Eisenbahn-Bankerl gibt.

Im Ort haben Aschauer und Sachranger Vereine, Geschäfte und auch Privatpersonen viele Bankerl meist mit Witz und Ironie gestaltet, sodass sich eine Dorfrunde richtig lohnt: Da wurde das Gesundheitsbankerl der Apotheke mit Kräuterbüscheln ausgestattet, oder die Quadratratschn-Bank vor dem Rathaus dient dem Austausch der neuesten Nachrichten und Gerüchte. Und natürlich hat auch Heinz Winkler vor seiner Residenz, in der er mit zwei Michelin-Sternen schon seit mehr als 30 Jahren aufkocht, ein Feinschmecker-Bankerl stehen.

Freiheit aushalten!

Bankerl hat auch der Möbeldesigner Nils Holger Moormann entworfen, der in Aschau so etwas wie seine zweite Heimat gefunden hat. Kampenwand heißt eine Tisch-Bank-Kombination, die aber nicht im alpenländischen Jodlerstil daherkommt, sondern schlicht, aber effizient und anarchistisch wie alle Möbel, die Moormann entwirft. Sein mit Moormann-Möbeln ausgestattetes Gästehaus „Berge" wurde durch ausgeprägten Minimalismus vielleicht gerade deshalb erfolgreich, weil es auf all das verzichtet, was viele erwarten: Rezeption, Spa, Restaurant oder Fernseher sowie Telefon auf den Zimmern. Auf dem Zufahrtsschild zum Gästehaus steht hingegen, worauf es hier ankommt: Nicht um Einfahrt freihalten, sondern um »Freiheit aushalten!«

INFO

DER GIPFELJODLER

Wer richtig jodeln lernen will, übt die Kunst des bayerischen Gebirgsrufs am stilsichersten mit dem Jodel-Dozenten Josef Ecker. Dabei darf man sich jedoch nicht scheuen, ungewöhnliche Laute auszustoßen: »Hätt i di, hob i di, äh du li ri ja.« Mehrmals in Folge intoniert, klingt das anfangs wie eine Sketcheinlage von Loriot. Neben Überwindung wird deshalb auch Atmung, Tonbildung und Stimmkraft trainiert. Jodeln ist eine uralte Form der Kommunikation. Wie sonst fanden zwei Menschen ohne Handyempfang früher in der unüberschaubaren Gebirgslandschaft zueinander? Per Jodelruf natürlich, der kilometerweit zu hören ist. Eckers Heimatgemeinde Bergen am Hochfelln heuerte den Musiklehrer einst an, um mehr Urlaubsgäste anzulocken. Inzwischen besitzen die Jodelseminare Kultstatus. »Wie schallt's von der Höh'?«, will der Jodelkaiser zum Abschluss von seinen Schülern wissen. Klare Antwort: »Hollereiduli!« (www.jodelseminar.net)

WEITERE INFORMATIONEN

Tourist-Info: www.aschau.de/bankerl
Residenz Heinz Winkler mit Sternerestaurant: www.residenz-heinz-winkler.de
Gästehaus Berge: www.moormann-berge.de

← Aschau – ein Ort zum Verweilen und Entschleunigen. Mehr als 500 künstlerisch gestaltete Sitzbänke laden dazu ein.
↑ Mit Witz und Ironie gestaltet: das Bankerl des Blumen-Cafes

4

HISTORISCHE BÄDERKULTUR – BAD REICHENHALL

IM SALZREICH DES BRUNNWARTS

Die Alte Saline von Bad Reichenhall ist eines der schönsten Industriedenkmäler der Welt, in dem Brunnwart Sebastian Hänel historische Pumpen am Laufen hält und Besucher mit auf eine Zeitreise in die salzhaltige Unterwelt nimmt. Gesund durchatmen lässt es sich anschließend bei einem Spaziergang durchs weltgrößte Freiluftinhalatorium.

Tief im Bauch der Erde ist ein Glucksen und Gluckern zu vernehmen, ganz so als sei man direkt im Verdauungstrakt unseres Planeten gelandet. Nur langsam gewöhnen sich die Augen ans diffuse Licht in den feuchten Tunneln, die ein 4,5 Kilometer langes Labyrinth unter der Alten Saline von Bad Reichenhall bilden. Ab und an tropft salzhaltiges Wasser von der Decke oder plätschert ein Solebächlein unter den marmorgedeckten Laufwegen des Stollensystems. Herr dieser Unterwelt ist Sebastian Hänel, dessen Beruf des Brunnwarts so einzigartig ist, wie sein Arbeitsplatz: die Alte Saline. Sie gehört als älteste Binnensaline Europas zu den schönsten Industriedenkmälern der Welt und wird heute als Museum betrieben.

König Ludwig I. gab das imposante Backsteinensemble bei Joseph Daniel Ohlmüller und Friedrich von Gärtner in Auftrag, nachdem ein verheerender Stadtbrand 1834 Reichenhall weitgehend zerstört hatte. Schnell war in der Fachwelt von der »schönsten Saline der Welt« die Rede, weil es den Architekten gelungen war, die Zweckmäßigkeit eines Industriebaus mit dem Geschmacksempfinden der Romantik zu vereinen. Obendrein krönten sie die Anlage mit einer eigenen Kapelle für Salinenarbeiter, sodass mehr die Anmutung einer neoromanischen Kathedrale entstand als die eines industriellen Zweckbaus.

Geschichte mit Tiefgang gibt es hier reichlich zu entdecken, denn noch immer sprudeln unter Tage sechs Natursolequellen. Wer also wissen will, woher das Salz in der Suppe ursprünglich stammt, steigt mit Sebastian Hänel 15 Meter tief hinunter in dessen Reich. Schon weil die Pumptechnik der Alten Saline noch aus der Zeit der Erbauer stammt, braucht es einen Brunnwart wie Hänel, der täglich seinen Kontrollgang macht und dafür sorgt, dass Antriebsgestänge und Umlenkhebel gut geschmiert bis heute ihre Arbeit tun. Hänel sorgte schon als Schlosser in den neuen Salzwerken Bad Reichenhalls für die technische Instandhaltung, als er vor ein paar Jahren seinen Traumjob fand: den Posten des einzigen Brunnwarts in Deutschland.

Der Herzschlag der Stadt

Als letzter seiner Zunft schwärmt Hänel nun davon, wie er bei der Arbeit erst einmal tief durchatmet und merkt, wie sauber die Luft hier unten eigentlich ist. Frei von schädlichen Umwelteinflüssen herrschen in den Stollen das ganze Jahr über konstante zwölf Grad, weshalb inzwischen auch

→ Die Alte Saline wirkt mehr wie eine neoromanische Kathedrale als ein industrieller Zweckbau.

Salin,
der Genuss,
den ich meine.
EINGANG

INFO

MUSIK LIEGT IN DER LUFT

Im Königlichen Kurgarten tanzen ein paar Schmetterlinge im letzten Sonnenstrahl über den Blumenrabatten, als sich die ersten Gäste in der Konzertrotunde einfinden. Nach dem Motto Kurmusik tut gut, veranstalten die Bad Reichenhaller Philharmoniker den ganzen Sommer über im Musikpavillon des historischen Gartens ihre Open-Air-Konzerte. Die musikalische Vielfalt reicht von Klassik über Operette bis hin zu Musical und Schlager. Besonders beliebt sind die Wunschkonzerte, bei denen die Zuhörer ihren persönlichen Musikwunsch, den sie vorab einreichen konnten, gespielt bekommen. Und manchmal zwitschert aus dem Gebüsch ein Vöglein seine Antwortmelodie dazu.

WEITERE INFORMATIONEN

Alte Saline: www.alte-saline.de. In den ehemaligen Sudhäusern und Magazinen gibt es zahlreiche Geschäfte, die Naturheilmittel und Körperpflegeprodukte aus Bad Reichenhaller Solesalz vertreiben.
Gradierhaus: www.bad-reichenhall.de/gradierhaus
Tourist-Info Bad Reichenhall: www.bad-reichenhall.de. Infos über Termine der Kurkonzerte. Eigene Gesundheits-Concierges kümmern sich um die kostenlose Beratung über Wellnessangebote und Kuren, Tel. 08651/715 11-66 bzw. -40, gesundheit@bad-reichenhall.de

Die Bad Reichenhaller Symphoniker spielen im Sommer auch draußen im Königlichen Kurgarten.

mehrmals die Woche Patienten mit Atemwegserkrankungen oder Allergien das salzhaltige Klima unter der Erde nutzen, um mit Atemübungen ihre Beschwerden zu lindern. Ohne Zweifel hält man hier erst mal die Luft an, wenn man sieht, wo schon seit mehr als 200 Jahren das Herz Bad Reichenhalls schlägt. Es ziert unverkennbar den Pumpenschlegel der Karl-Theodor-Pumpe mit der Aufschrift »Reich an Hall«, woraus sich auch der Name der Stadt ableitet, denn »Hall« ist das keltische Wort für Salz. Die Pumpe trägt den Namen jenes pfalz-bayerischen Kurfürsten, der maßgeblich den Salzabbau der Stadt voranbrachte.

Die Reichenhaller Salinen galten bereits von der Antike bis über das Mittelalter hinaus als größte Salzhersteller der Ostalpen. Schon vor Jahrmillionen wogte hier ein Urmeer und als es später vertrocknete und sich die Alpen auffalteten, wurde das Meersalz im Gestein der Berge eingeschlossen. Quellwasser löst es heute zu wertvoller Alpensole, die sich in den Hohlräumen des Reichenhaller Beckens sammelt. Die täglich bis zu 800 000 Liter Sole, die in der Alten Saline aus 500 Metern Tiefe nach oben gepumpt werden, finden allerdings wegen ihres mittlerweile schwachen Salzgehaltes von gerade mal 2 Prozent nur mehr Verwendung im Kurbetrieb der Bäderstadt. Das bekannte Bad Reichenhaller Markensalz wird seither in der Neuen Saline am Stadtrand produziert, in der 180 Mitarbeiter für etwa 900 Tonnen Salz im Jahr sorgen. »Eine Menge, die etwa 50 Lastzüge füllt«, erklärt Hänel. Wofür ein Großteil der Sole auch noch aus dem nahen Salzbergwerk von Berchtesgaden über eine Pipeline zugeliefert wird.

Salzluft wie am Meer

Je weiter man aus dem Untergrund der Alten Saline wieder zurück ans Tageslicht steigt, desto lauter kündigt ein regelmäßiges Gebimmel die technischen Meisterwerke in der Maschinenhalle des Hauptbrunnhauses an: zwei riesige Wasserräder von je 15 Tonnen Gewicht und je 13 Metern Durchmesser. Sie treiben seit 1850 das Solehebewerk an und signalisieren bei jeder Umdrehung durch das Anschlagen zweier Glocken, dass die Anlage einwandfrei funktioniert. Böse Zungen behaupten, sie sollen dafür sorgen, dass der Brunnwart stets hellwach bleibt bei der Arbeit.

Heute sorgen die mächtigen Wasserräder dafür, dass die Natursole in den Badebereich des Kurmittelhauses und zur historischen Wandelhalle des Gradierwerks kommt, wo sie mehr als 13 Meter hohe und 160 Meter lange Wände aus Schwarzdornbüschen mit salzhaltigem Wasser benetzt. Langsam rieselt die Sole hier von Dorn zu Dorn, wird vom Wind zerstäubt und verflüchtigt sich teilweise in der milden Sommerluft. Das Einatmen der salzhaltigen Luft gilt als gesund für die Atemwege. Schon Mozart wandelte auf seinen Reisen durch dieses weltgrößte, öffentlich zugängliche Freiluftinhalatorium. Es ist eine Kulisse wie gemacht für einen Fellini-Film. Schließt man die Augen und atmet tief ein, glaubt man beinah am Meer zu sein, und das mitten in den Alpen.

↖ Durchatmen am Solebrunnen vor der historischen Wandelhalle des Gradierwerks mit ihren langen Wänden aus salzbenetzten Schwarzdornbüschen
↗ Brunnwart Hänel am Wasserrad in der Maschinenhalle des Hauptbrunnhauses
→ Im Industriedenkmal der Alten Saline kann man auf Zeitreise in die salzhaltige Unterwelt gehen.

5

ZENTRUM FÜR TRACHTENGEWAND – BENEDIKTBEUERN

DIE MACHT DER TRACHT

In Benediktbeuern wird das Postkartenidyll von Oberbayern zum Leben erweckt: ein Kloster mit Zwiebeltürmen vor imposantem Bergmassiv, ein Bräustüberl mit Biergarten unter Kastanienbäumen mit fröhlichen Menschen in Trachten. Doch was macht eigentlich so eine Tracht aus? Das Zentrum für Trachtengewand bietet Aufklärung.

Vor der dramatischen Bergkulisse der Benediktenwand liegt eines der ältesten und schönsten Klöster im Alpenvorland: Kloster Benediktbeuern. Bereits um 739 gegründet, wurde seine Klosterkirche St. Benedikt mit ihren markanten Zwiebeltürmen erst Ende des 17. Jahrhunderts im Stil des italienischen Hochbarock erbaut. Ihr reich stuckiertes Inneres ist mit Fresken von Hans Georg Asam geschmückt. Die Bibliothek besitzt die »Carmina Burana«, eine Sammlung von Vagantenliedern aus dem 13. Jahrhundert, die durch die Vertonung von Carl Orff weltberühmt wurde. Im Kloster kann man heute sogar übernachten und ein Klosterbräustüberl mit großem Biergarten gehört auch dazu. Zur perfekten Szenerie von Oberbayern dürfen natürlich auch fesche Madln in Dirndln und gestandene Mannsbilder in Lederhosen nicht fehlen. Doch was macht eigentlich eine bayerische Tracht aus?

Tracht ist Mode

Wie gut, dass man in Benediktbeuern gleich an sachkundigster Stelle ist, um das herauszufinden. Alexander Wandinger gründete nach langjähriger Feldforschung in Archiven und Trachtenvereinen bereits 2000 im Auftrag des Bezirks Oberbayern ein Zentrum für Trachtengewand in den ehemaligen Stallungen des Klosters. Mit seiner Aussage, dass Tracht immer auch Mode sei, eckte der Trachtenexperte besonders in konservativen Kreisen an, initiierte damit aber einen wissenschaftlich fundierten Paradigmenwechsel. Denn unbestritten ist, dass sich das Dirndl schon immer allen Moden angepasst hat, sei es die Mini-Mode der 1960er- oder die klassischere Dirndl-Länge der 1950er-Jahre.

Dabei klärt Wandinger auch darüber auf, dass in den Anfängen des Oktoberfestes Besucher noch gar keine Tracht trugen. Historische Bilder belegen, dass Männer in schwarzen Anzügen und Frauen in dunklen Kostümen auf die Wiesn gingen. Doch nicht nur einen Fundus von 40 000 Fotos und 20 000 Trachten, die bis zu 300 Jahre alt sind, besitzt das Zentrum für Trachtengewand, es bietet auch Beratung, Vorträge und Nähkurse an.

Langes oder kurzes Dirndl, die Schürze rechts oder links gebunden und darf man zu alldem Turnschuhe oder Pumps tragen? Gibt es überhaupt so etwas wie eine echte oder falsche Tracht? Trachtenexperte Wandinger hat darauf die passende Antwort: »Vielleicht ist die Tracht am lebendigsten dort, wo diejenigen, die sie tragen, keine Tracht darin sehen, sondern einfach ihre Kleidung.«

← Zur Fronleichnamsprozession im Kloster Benediktbeuern kann man Einheimische in schönsten Trachten sehen.
↓ Hinter der Klosterkirche St. Benedikt erhebt sich die mächtige, schneebedeckte Benediktenwand.

INFO

DIE BENEDIKTENWAND

Was für eine Wand! Mit einer Breite von 2 Kilometern und einer Höhe von 1801 Metern schiebt sich die Benediktenwand wie ein gewaltiger Riegel in die Landschaft und zieht aus allen Himmelsrichtungen Blicke auf sich. Weil es in ihrer unmittelbaren Nachbarschaft keine anderen Berge von diesem Ausmaß gibt, bietet die exponierte Lage am Gipfel eine herrliche Aussicht ins Oberland und in die Alpen. Von Benediktbeuern aus lohnt ein Ausflug zur schönen Tutzinger Hütte (1327 m) unter der Benedikten-Nordwand. Man erreicht sie auf dem Alpenvereinsweg 455 oder 456 in 2 bis 2.30 Stunden. Sogar Steinböcken kann man bei der Wanderung begegnen. Die Tutzinger Hütte ist mit 91 Schlafplätzen eine der wenigen, die auch noch im Winter zu Fuß zu erreichen ist und dann von Weihnachten bis Anfang Januar geöffnet hat. Für eine Silvesterübernachtung muss man allerdings lange vorher reservieren (www.tutzinger-huette.de).

WEITERE INFORMATIONEN

Klosterführungen: www.kloster-benediktbeuern.de
Klosterbräustüberl: www.klosterwirt.de
Zentrum für Trachtengewand: www.zentrum-trachtengewand.de

6

EIN HAUS, ZWEI STAATEN – PURTSCHELLERHAUS

DIE ZWEI-LÄNDER-HÜTTE

Am Fuß des Hohen Göll verläuft die Staatsgrenze zwischen Österreich und Deutschland – und zwar mitten durch das Purtschellerhaus. In der auf 1692 Meter gelegenen Almhütte am Eckerfirst kann man zwischen Haupt- und Nachspeise schnell mal problemlos im Wortsinn die Grenze überschreiten.

Im Minutentakt wechseln die Hüttenwirte Gabi und Sigi Hinterbrandner von Deutschland nach Österreich – oder genauer gesagt von Bayern nach Salzburg und retour. Hüben blau-weiß, drüben rot-weiß. Mit dieser Farbmarkierung ist am Fußboden des Purtschellerhauses für alle optisch sichtbar die Landesgrenze markiert, die man jedes Mal auf dem Weg von der alten Gaststube zur Toilette passieren muss. Die Westseite der Hütte gehört zur bayerischen Gemeinde Berchtesgaden, der östliche Teil zum österreichischen Kuchl.

Das heute vom Deutschen Alpenverein geführte Purtschellerhaus wurde 1900 am Eckerfirst vor der Ostwand des Hohen Göll eröffnet und nach Ludwig Purtscheller benannt, einem bedeutenden Alpinisten seiner Zeit. Doch als es in den Hüttenräumen bald zu eng wurde, hat man 1909 einfach angebaut. Erst 1937 wurde der exakte Grenzverlauf bei der Hütte bestimmt und festgestellt, dass ein Drittel in Deutschland und zwei Drittel in Österreich liegen.

Geheimer Treffpunkt

Auf zwei Länderwegen ist die holzschindelgetäfelte Hütte dann auch zu erreichen. Am schnellsten geht es von deutscher Seite vom Ahornkaser aus. Nach kurzem Abstieg zum Eckersattel muss man sich dann entscheiden zwischen Deutschem Weg oder Salzburger Steig. Bei Ersterem führen 520 Holzstufen und ein schmaler Waldsteig in etwa 40 Minuten hinauf zum Purtschellerhaus auf 1692 Meter. Die österreichische Variante dauert etwas länger, denn hier geht es in gemütlicheren Serpentinen durch die Flanke unterhalb des Hohen Göll nach oben.

Die Zweistaatlichkeit der Almhütte hatte vor allem zum Ende des Zweiten Weltkriegs große Bedeutung, als die Alliierten keinen Grenzverkehr zwischen Österreich und Deutschland gestatteten und sich »Getrennte« nur in der Hütte legal treffen konnten. Angeblich soll sich hier auch der Schauspieler Heinz Rühmann mit seiner österreichischen Frau Herta Feiler getroffen haben. Das Hüben und Drüben, das von den Besuchern heute vorwiegend als Kuriosum bestaunt wird, bedeutet für die Wirtsleute jedoch zusätzliche Arbeit. Denn während man sich bei der alpinen Schmankerlküche mit Kaiserschmarrn, Speckbrot oder Kaspressknödelsuppe wenig um nationale Zuordnungen schert, muss der westliche Kamin vom deutschen Kaminkehrer gereinigt werden und für die beiden Schlote im Osten extra der Kollege aus Österreich anrücken.

INFO

HÖCHSTE DEUTSCHE BERGSTRASSE

Richtig Schwung nehmen muss hier so mancher Oldtimer, damit ihm hinauf zum Rossfeld nicht die Kraft verlässt. Auf serpentinenreichen 15 Kilometern fährt man die höchstgelegene, ganzjährig befahrbare Mautstraße Deutschlands bis auf 1600 Meter, wo man mit schönsten Bergfernblicken belohnt wird. Für das In-die-Landschaft-Gucken zum Hohen Göll, Kehlstein, Tennen- und Dachsteingebirge und Untersberg gibt es extra Parkbuchten. Früher wurden am Rossfeld sogar Autorennen veranstaltet, heute finden regelmäßig noch Oldtimerrennen statt. Begonnen 1937 als östliches Ende der Deutschen Alpenstraße, wurde die Panoramastraße erst nach dem Zweiten Weltkrieg fertiggestellt. Der Ahornkaser, von dem aus die Wanderung zum Purtschellerhaus beginnt, liegt direkt an der Panoramastraße und ist das höchstgelegene, mit dem Auto erreichbare Restaurant Deutschlands. Von Berchtesgaden aus fahren auch Linienbusse in die alpine Landschaft am Rossfeld (www.rossfeldpanoramastrasse.de).

WEITERE INFORMATIONEN

Purtschellerhaus: Mitte Mai–Mitte Okt., 48 Schlafplätze, www.purtschellerhaus.de

← Mitten durch die holzschindelgetäfelte Hütte des Purtschellerhauses verläuft die Staatsgrenze zwischen Deutschland und Österreich.
↑ Hinauf zum Rossfeld geht es serpentinenreich auf die höchste Bergstraße Deutschlands.

7

ORT DER ZEITGESCHICHTE – OBERSALZBERG

DER MISSBRAUCHTE BERG

Eingebettet in die imposante Bergkulisse von Watzmann, Untersberg und Kehlstein, war der Obersalzberg einst Hitlers Urlaubsdomizil und zweiter Regierungssitz des NS-Staates. Um historische Aufklärung zu bieten, ließ der Freistaat Bayern hier ein Dokumentationszentrum sowie ein Luxushotel errichten.

Vermutlich würden ihn heute nur mehr wenige kennen, den Obersalzberg. Wäre da nicht Adolf Hitler und sein Gefolge gewesen, die den etwa 1000 Meter oberhalb von Berchtesgaden gelegenen Berg in Beschlag genommen hätten, um das Gebiet zum sogenannten Führersperrgebiet zu erklären. »Wie an kaum einem Täterort der Nazis sind hier Landschaft, Inszenierung und Verbrechen so eng verwoben wie am Obersalzberg«, sagt Sven Keller. Der Historiker ist Leiter des dortigen Dokumentationszentrums, das sich unter Regie des Instituts für Zeitgeschichte seit 1999 um Aufklärungsarbeit über den Ort und seine NS-Vergangenheit bemüht. Keller und seine Kollegen wissen nur zu gut, dass sich über den Obersalzberg lange die falsche Vorstellung hielt, die Führungsriege der Nazis hätte hier nur nette Urlaubstage in ihren Ferienhäusern verbracht, was viele überaus privat und idyllisch wirkende Aufnahmen auch glauben machen sollten.

Wie eng jedoch Idylle und Verbrechen an diesem Ort beisammen lagen, können Besucher anhand historischer Fotos erfahren, deren Entstehungsgeschichte im Dokumentationszentrum erklärt wird. All die vermeintlichen Schlüssellochblicke ins Privatleben des Führers sind Inszenierungen von Hitlers Leibfotograf Heinrich Hoffmann, der mit den seinerzeit millionenfach verbreiteten Aufnahmen maßgeblich zur Etablierung des Führermythos beitrug. Der Obersalzberg war dabei bewusst als Ort gewählt, um vor imposanter Bergkulisse einen natur- und volksnah wirkenden Führer in Szene zu setzen, wie er gern bezopfte Kinderköpfe tätschelte, mit Hund spazieren ging und freudig die Hände der Bevölkerung schüttelte, die wie zur Wallfahrt massenhaft hinauf zum Berghof pilgerte. »Was die Bilder nicht zeigen, ist der Zaun, mit dem das Führersperrgebiet komplett abgeriegelt war«, sagt Keller.

← Die Dauerausstellung des Dokumentationszentrums Obersalzberg klärt über die NS-Zeit vor Ort auf.

Der zweite Regierungssitz

Am schwer zugänglichen Obersalzberg galt es als besondere Auszeichnung, im privaten Rahmen empfangen zu werden. Der zur repräsentativen Residenz ausgebaute Berghof verfügte in der großen Halle über ein Panoramafenster, das mit 32 Quadratmetern nicht nur extrem groß war, sondern zudem komplett im Boden versenkt werden konnte, um die imposante Landschaft quasi direkt ins Haus zu holen. Neben Hitler besaßen bald auch Hermann Göring, Martin Bormann und Albert Speer ihre Ferienhäuser. Hierfür waren nahezu alle rechtmäßigen Bewohner am Obersalzberg von der NSDAP zum Verkauf genötigt oder enteignet worden, und ihre seit Generationen bewirtschafteten Höfe wurden weitgehend abgerissen.

Inszeniert als unpolitisches Ferienidyll der Berghofgesellschaft, war der Obersalzberg als zweiter Regierungssitz nach Berlin immer auch ein Ort des politischen Handelns, an dem Hitler etwa ein Viertel seiner Amtszeit verbrachte. »Bis hin zu Holocaust und Völkermord an den Juden gibt es kaum einen Komplex der NS-Verbrechen, der nicht mit dem Obersalzberg verknüpft wäre«, sagt Keller. Zu Kriegsende bombardierten die Alliierten das Areal flächendeckend. Dann nutzten amerikanische Besatzer einen Teil des Gebiets als Erholungszentrum für ihre stationierten Truppen. Während in der Nachkriegszeit über die NS-Vergangenheit des Obersalzbergs am liebsten geschwiegen wurde, begannen clevere Geschäftsleute bereits die geschichtliche Anziehungskraft von Hitlers Wahlheimat mit heimlichen Obersalzberg-Führungen und NS-Devotionalienverkauf zu vermarkten, weshalb amerikanische Besatzungsmächte darauf drängten, den Großteil der verbliebenen Ruinen zu sprengen.

Das Zwei-Säulen-Modell

Dass vor Ort nur Aufklärung Licht ins Dunkel bringt, war auch dem Freistaat Bayern schnell klar, als sich die US-Armee 1995 endgültig vom Obersalzberg zurückzog und der Freistaat seither nun alleine für dessen weitere Nutzung zuständig ist. Was man dort auf keinen Fall haben will, sind Wallfahrer rechter Gesinnung. Um das Areal jedoch nicht gänzlich unbespielt zu lassen und das Interesse am geschichtsträchtigen Ort besser kanalisieren zu können, ersann der Freistaat ein Zwei-Säulen-Modell für die politische wie auch touristische Nutzung und schuf dafür zwei Neubauten: das Dokumentationszentrum und ein Luxushotel, das heute von der Hotelgruppe Kempinski gemanagt wird.

Geschichtliche Deutungen zum Obersalzberg wird man deshalb im »Kempinski Hotel Berchtesgaden« vergeblich suchen. Am Concierge-Desk verweist man historisch Interessierte deshalb direkt ans Dokumentationszentrum, das fußläufig nur 10 Minuten entfernt liegt. »Wir sind uns der Historie bewusst, haben aber durch das Zwei-Säulen-Modell einen klar touristisch definierten Auftrag. Daher führen wir dieses Haus wie ein ganz normales Hotel. Schließlich kommen unsere Gäste wegen der Schönheit der Natur und der Annehmlichkeiten unseres Hauses«, sagt General Manager Werner Müller und fügt hinzu, dass der Obersalzberg noch bis in die 1920er-Jahre sogar ein touristischer Geheimtipp war. Schon in den 1870er-Jahren eröffnete Mauritia Mayer als Tourismus-Pionierin hier die »Pension Moritz«, in der vor allem die Kultur- und Wirtschaftsprominenz zu Gast war. Heute soll das »Kempinski Berchtesgaden« dazu beitragen, dass der Obersalzberg wieder wird, was der missbrauchte Berg vor der Nazizeit einmal war – eine beliebte Fremdenverkehrsregion, in die nun wieder die Kosmopoliten einkehren.

↗ Auf dem Kehlstein haben Besucher einen spektakulären Ausblick auf die Bergwelt des Berchtesgadener Landes.
↖ Steingewordenes Bollwerk gegen die unselige Geschichte des Areals: das Dokumentationszentrum
← Auch die ehemaligen Tunnel- und Bunkeranlagen wurden Besuchern zugänglich gemacht.

INFO

DAS KEHLSTEINHAUS

Zu den wenigen unzerstört gebliebenen Monumenten aus der NS-Zeit gehört vor Ort das spektakulär auf einem Felsvorsprung in 1834 Metern gelegene Kehlsteinhaus. Das sogenannte »Eagle's Nest« wird heute als Berggasthaus für Wanderer betrieben und bietet einen spektakulären Ausblick auf die Bergwelt des Berchtesgadener Landes. Es war nicht nur eine architektonische Leistung, das exponierte Gebäude sowie die Zufahrtsstraße 1938 hier hoch zu bauen, sondern vorrangig eine Machtdemonstration, dass der Mensch auch unzugängliche Natur bezwingen kann. Deshalb wurden Haus und Straße für heute umgerechnet 130 Millionen Euro der Bergwelt abgetrotzt und sogar ein goldglänzender, verspiegelter Aufzug durch den Felsen hinauf ins Hausinnere gebaut. Hitler soll nur selten hier gewesen sein, weil ihm die Ausflüge hierher zu zeitaufwendig und riskant gewesen sein sollen. Die Auffahrt ist nur mit Spezialbussen der Kehlsteinlinie vom Parkplatz Obersalzberg aus möglich und kann im Winter witterungsbedingt nicht durchgeführt werden (www.kehlsteinhaus.de).

WEITERE INFORMATIONEN

Dokumentationszentrum Obersalzberg mit Zugang zu den unterirdischen Bunkeranlagen: www.obersalzberg.de
Kempinski Hotel Berchtesgaden: www.kempinski.com, DZ ab 275 Euro
Tourismusregion Berchtesgaden-Königssee: www.berchtesgaden.de

Das Kehlsteinhaus, das sogenannte »Eagle's Nest«, wird heute als Berggasthaus betrieben.

8

KUNST UND LICHT – DAS BLAUE LAND

DER LEHRER UND SEINE GELIEBTE

Die Atmosphäre im Blauen Land in Oberbayern, der Gegend um Murnau mit dem Staffel- und dem Riegsee, wird bestimmt durch wechselnde Lichtstimmungen, wie sie die Maler des Blauen Reiters liebten und Künstler bis heute lieben. Auf den Spuren von Wassily Kandinsky, Franz Marc, Gabriele Münter und Co.

Wenn man das sieht, wird einem ganz anders«, sagt der ehemalige Murnauer Bürgermeister Michael Rapp. Auf dem Riegsee hatte sich ein 100 mal 30 Meter großes Stück Festland eigenständig gemacht! Rapp traute seinen Augen nicht. Es war keine Halluzination. Es war auch nicht ein Weißbier zu viel. Das Stück Land brach auch nicht in sich zusammen, sondern schipperte ganz friedlich als Insel über den See – samt seiner Bäume und Sträucher!

So etwas kann der Staffelsee zwar nicht bieten, doch in Sachen Kunstgeschichte ist der deutlich größere der beiden Seen vorne dran. Für ihn und seine umliegenden Moore interessierte sich die Künstlerkolonie des Blauen Reiters, die 1911 von Wassily Kandinsky und Franz Marc gegründet wurde. Ihr Ziel war die Befreiung von der erstarrten Tradition der akademischen Malerei. Die Landschaft inspirierte sie. Und so machten sie Murnau und das Blaue Land zum Geburtsort und bis heute zu einem Zentrum expressionistischer Kunst. An seine Ufer kamen Anfang des 20. Jahrhunderts aber nicht nur Maler, sondern auch Komponisten und Schriftsteller. Die Atmosphäre, die Kandinsky, Marc und Co. in ihren Bann zog, öffnete auch bei Literaten neue Sichtweisen. »Kasimir und Karoline« wurde an den Gestaden des Staffelsees geboren. Der Schöpfer, Ödön von Horváth, lebte zwischen 1923 und 1933 in Murnau, ehe er ins politische Exil musste. Der Dramatiker zählt zu den wichtigsten Repräsentanten des literarischen Expressionismus. Seine Theaterstücke und Romane sind gefärbt vom Blauen Land. Unter anderem entstanden dort »Zur schönen Aussicht«, »Glaube Liebe Hoffnung« und eben »Kasimir und Karoline«.

Die expressive Malerei

Bis heute lockt das Murnauer Moos, mit einer Fläche von mehr als 30 Quadratkilometern das größte zusammenhängende Moor Bayerns, Künstler an. Rita de Muynck ist eine von ihnen. »Ich arbeite in der expressiven Tradition mitten auf dem Land, wo Kandinsky und seine Schülerinnen ihren ersten Land-Malaufenthalt abhielten«, sagt die gebürtige Flämin. »Es ist wahr, was Kandinsky meinte, das Licht hier sei für die Malerei sehr förderlich. Denn es hat starke, farbige Schlagschatten und ist auch an trüben Tagen intensiv. Die expressive Malerei musste geradezu hier entstehen.«

Vor einigen Jahren hat Rita de Muynck gefällte Linden, die auf dem Weg zum Münter-Haus in Murnau lagen, aufgekauft. »Diese Linden sind monumental, sie sind 110 Jahre alt und müssen Gabriele Münter und Wassily Kandinsky täglich ›gesehen‹ haben.« Sie legte mit dem Werk »2 Riesen«

→ Das Haus der Blauen-Reiter-Künstlerin: Münter-Villa in Murnau, Museum und Schmuckstück in einem

INFO

LUDWIGS MUSCHELKAHN

Das Blaue Land ist verwunschen schön. Und trotzdem lohnt ein kleiner Abstecher, nur ein paar Kilometer weiter: hinter Oberammergau, ins Graswangtal, wo der scheinbar verrückte König der Bayern eines seiner Märchenschlösser erbauen ließ. Schloss Linderhof ist ja das einzige der Ludwig-II-Domizile, das der Monarch nach seiner Fertigstellung erleben konnte. Ja, es ist durchaus möglich, dass der Mann verrückt war. Außen Rokoko, innen ein Rausch aus Gold und Samt, Kristall und Porzellan, Lapislazuli und Malachit – und dazu die Venusgrotte im Park: Dort ließ sich Ludwig im vergoldeten Muschelkahn über den unterirdischen See rudern. Auch in diesem Fall – hätte man die Szenen denn erleben dürfen – wäre es kein Weißbier zu viel gewesen und auch keine Halluzination, sondern einfach nur der blanke Ludwig-Wahnsinn ...

WEITERE INFORMATIONEN

Murnau liegt eine Autostunde südlich von München und ist über die A95, aber auch per Bahn sehr gut erreichbar: www.dasblaueland.de, www.murnau.de, www.riegsee.de.
Blaue-Reiter-Sammlung: www.schloss-museum-murnau.de
Münter-Haus-Museum: www.muenter-stiftung.de
Pension »Hof Willibald« mit Riegsee-Zugang und kostenfreiem Ruderboot: www.hof-willibald.de
Ausflug: www.schlosslinderhof.de

Tretbootspaß für die ganze Familie: am idyllischen Staffelsee mit bayerisch blauem Himmel ...

das »Baumgedächtnis« frei, wie de Muynck sagt, indem aus Teilen dieser Linden die Porträts von Münter und Kandinsky geschnitzt wurden.

Kennengelernt hatten sich die beiden im Moos. Der Sommer 1902 war regnerisch. Frühs hingen die Nebelfetzen über den Seen, der Tau tropfte von den Bäumen. Mit dem Fahrrad ging es hinaus aufs Land, raus aus dem Atelier, Natur aufsaugen. Und der Herr Lehrer, Wassily Kandinsky, muss wohl zum Spaß nach der Lenkstange seiner Schülerin gegriffen haben. Beide kamen zu Fall – und sich körperlich näher. Die Schülerin hieß Gabriele Münter und wurde seine Geliebte.

Das Blaue Land, das klingt poetisch, verwunschen und – passend. Häufig wirken die Seen und Moore, die Wälder und Wiesen, ja sogar die Alpenkette im Süden wie modelliert und mit weichem Blau getönt. Paul Klee sagte: »Die Kunst gibt nicht das Sichtbare wieder, sondern macht sichtbar.«

Murnau ist mit seinem südlichen Flair, Fußgängerzone, Straßencafés und Wirtshäusern mit dem frisch gebrauten, lokalen »Karg« das Zentrum des Blauen Landes. Sieben weitere Orte, allesamt im Einzugsbereich der beiden Seen Staffel- und Riegsee gelegen, ergänzen die Region, in der Lüftlmalereien vor zackengekrönten Bergwänden als Kulisse ebenso zu sehen sind wie Mädchen im Dirndl und Buben in Lederhosen. Und da essen doch tatsächlich auch ein paar Männer mit Gamsbarthüten dicke weiße Würste und trinken Bier aus riesigen Maßkrügen – und das am frühen Morgen. Ein bisschen fühlt man sich wie Crocodile Dundee in New York: Es ist alles ein bisschen anders als zuhause ...

Baden im Naturschutzgebiet

Fast alle kommen aber auch wegen des Staffelsees mit seinen sieben Inseln. Er ist der ideale Badesee, denn der wärmste See Bayerns wird nicht von kalten Alpenzuläufen, sondern ausschließlich von warmen Moorbächen gespeist. Es gibt mehrere Badestrände und auf der »MS Seehausen« werden Rundfahrten angeboten. Besonders Seehausen mit seinem wunderbar traditionellen Ortsbild, in dem alte, schmucke Bauernhäuser zu finden sind, und Uffing mit zwei eigenen Strandbädern sind – ob mit dem Schiff, Auto oder Fahrrad – jeweils einen Stopp wert. Grafenaschau befindet sich direkt am Naturschutzgebiet Murnauer Moos, unterhalb des Hohen Hörnle mit 1548 Metern Höhe: ein Idyll ohne Lärm und Stress. Was auch für Eglfing gilt: Ein uriges Dorf mit Gehöften nebst Kirchlein mit Zwiebelturm, das wie Spatzenhausen zwischen dem Staffel- und dem Riegsee liegt.

Zur Gemeinde Riegsee gehören drei Dörfer und sechs Weiler. See und Ufer sind Landschaftsschutzgebiet, aber das Baden ist erlaubt. Manche Privatvermieter bieten einen eigenen Seezugang nebst Ruderboot. Südlich liegt der kleinere Froschhauser See, ebenfalls mit Badeplatz.

↖ Auch ein Sonnenaufgang im Winter kann bezaubernd sein: Morgenstimmung mit vereistem Ufer am Staffelsee bei Uffing.
↗ Blauer Zaun und rote Rosen: Das herausgeputzte Bauernhaus zeigt sich traditionell und selbstbewusst.
→ Da muss ein Künstler am Werk gewesen sein: Blumenwiese im Murnauer Moos mit dem Wettersteingebirge dahinter.

9

FKK UND KÜHE – DER FOHNSEE

DEIX HÄTTE SEINEN SPASS

Der Fohnsee ist einer der 20 kleinen Osterseen, südlich des großen Starnberger Sees. Er bietet ein bisschen Karibik, ein wenig Finnland und jede Menge sattes Oberbayern. Von der Schweinderl-Wiese und dem Hang darüber blickt man auf einen der schönsten Badeplätze Oberbayerns.

Der Weg von Iffeldorf zum See führt auf schmalen Pfaden durchs Moor und nach 10 Minuten sind schon die ersten bunten Sonnenschirmchen zu erkennen. Eine Idylle, bei der einem vielleicht Konstantin Wecker einfällt: »Wenn der Sommer nicht mehr weit ist und der Himmel violett, weiß ich, dass das meine Zeit ist, weil die Welt dann wieder breit ist, satt und ungeheuer fett.« Als Konstantin Wecker diesen Song schrieb, zeigte der Kalender das Jahr 1976 an. Eine ungeheuer lange Zeit und trotzdem ist dieses Lied so jung geblieben und es gibt kaum ein Plätzchen in Oberbayern, auf das Weckers »Wenn der Sommer nicht mehr weit ist« so trefflich passt.

Ein Holzschild am Weidezaun macht klar: »Nur FKK«. Der Anstieg auf den Schweinderl-Hügel bringt dann für Fohnsee-Neulinge eine nette Überraschung mit sich. Von den »Nackerten« hat man ja schon gewusst (deshalb der Name Schweinderl-Bucht), aber dass sich zwischen die FKK-Fans auch Milchkühe gesellen, erstaunt dann doch. Dort wurde die Viehweide tatsächlich auch zum Strand: Bunte Sonnenschirmchen, nackte Menschen und grasende Kühe ergeben zusammen ein skurriles Bild, das dem Karikaturisten Manfred Deix wahrscheinlich so gefallen hätte, dass er die Szenerie gemalt hätte. Nur schade, Deix war nie am Fohnsee …

Finnisch grün, karibisch blau

Es herrscht alles andere als Freibadatmosphäre. Im Gegenteil: Es ist so wunderbar ruhig. Ein Ort für gestresste Münchner und andere Stadtmenschen, an dem Handys verpönt sind (auch wegen möglicher kompromittierender Aufnahmen), keiner einen lautstarken Angeber mimt und der Abstand schon vor Corona diszipliniert gewahrt wurde. Das Knallen des einen oder anderen Prosecco-Korkens am Abend wird dagegen wohlwollend akzeptiert: Die haben eine Kühltasche dabei. Die machen's richtig!

Oben auf dem Hang blickt man auf den See mit seinen grün-blau-karibischen Farben und auf die angrenzenden, finnisch anmutenden Wälder. Das Wasser erwärmt sich schnell, hat aber durch unterirdische Quellen auch so manche kühle Stelle. Im Rücken dann Oberbayern pur: Moor, Weiden, der Kirchturm von Iffeldorf und dahinter die mächtige Alpenkette im XL-Panorama. Nicht zu sehen ist das »Fohnseestüberl« mit Biergarten am nahen Campingplatz, direkt am Wasser. An so manchem Sommerwochenende gibt's dort sogar Steckerlfisch. Dazu eine kühle Mass – was will man mehr?

← Typisch Osterseen: Je nach Jahreszeit schwankt die Anmutung zwischen skandinavisch, wie im Frühjahr, und karibisch im Hochsommer.
↓ Als wäre es ein Deix: gefleckte Kühe, nackte Menschen und bunte Sonnenschirmchen auf einem Bild.

INFO

EINE SCHÖNE RUNDE

Inmitten des Naturschutzgebiets Osterseen führen mehrere Wanderwege durch fast unberührte Natur. Am Fohnsee, Sengsee, Großen Ostersee entlang führt ein herrlicher Rundweg auf zum Teil wurzeligen Waldwegen. Von der letzten Eiszeit zeugt die Blaue Gumpe, einer der Quelltöpfe, aus denen die Osterseen mit Grundwasser gespeist werden. Die Runde führt aber auch an zwei ausgewiesenen Badeplätzen vorbei und Achtung: Man befindet sich in einem Naturschutzgebiet! Außerhalb dieser beiden Bereiche ist das Baden verboten.

WEITERE INFORMATIONEN

Ab München nach etwa 50 Kilometern auf der A95 bis zur Ausfahrt Penzberg/Iffeldorf, von dort weiter nach Iffeldorf zum großen Parkplatz und zu Fuß weiter. Auch eine Regionalbahn fährt nach Iffeldorf: www.starnbergersee-info.de/osterseen.
Kleiner Campingplatz mit Badebucht, Liegewiesen, Baumbewuchs und »Fohnseestüberl" mit Biergarten nebenan: www.campingplatz-fohnsee.de
Nächstgelegenes Hotel mit gutem Terrassenrestaurant in Iffeldorf: www.landgasthof-osterseen.de

10

DIE ÄLTESTE BRAUEREI DER WELT – FREISING

WEIHRAUCH UND BIERDUNST

Das schöne Städtchen liegt zwischen zwei Hügeln, zwischen dem katholischem Dom und der ältesten Brauerei der Welt. Kein Wunder, dass in Freising bierselige Behaglichkeit, das Flair einer jungen Hochschulstadt und die barocke Welt der katholischen Fürstbischöfe auf famose Weise zusammenkommen.

Droben am Weihenstephaner Berg wird seit tausend Jahren gutes Bier gebraut. Das ehemalige Benediktinerkloster war die Keimzelle eines der modernsten Wissenschaftszentren Europas und ist heute Sitz der Hochschule sowie der wohl ältesten Brauerei der Welt. Abt Arnold luchste 1040 der Stadt Freising die Brau- und Schankrechte ab und begründete die älteste noch bestehende Braustätte der Welt. Wobei schon im 8. Jahrhundert von Hopfenanbau im bereits bestehenden Kloster berichtet wurde, mutmaßlich aber nur für den Eigenbedarf … Seit 1921 heißt sie Bayerische Staatsbrauerei Weihenstephan, von der Braumeister in die ganze Welt entsendet und in der Schüler aus aller Welt ausgebildet werden. Das Tor zur Welt – der Münchner Airport – liegt schließlich gleich nebenan.

»Wir sind Papst«

Das Tor zum Himmel, zumindest aber nach Rom, ist jedoch der Dom: Die markanten Vierecktürme dominieren die Stadtsilhouette und der Freisinger Mariendom als Ganzes ist das Symbol für die mehr als 1300-jährige Geschichte des fürstbischöflichen Freising mit seinen heute 50 000 Einwohnern, von denen fast jeder Zehnte studiert.

1951 wurde im 1159 erbauten Freisinger Dom ein junger Mann zum Priester geweiht, 26 Jahre später zum Erzbischof von München und Freising ernannt und 2005 zum Papst gewählt: Die Rede ist von Joseph Ratzinger, dem späteren Benedikt XVI. Er war der 265. Papst der Geschichte, erst der achte aus Deutschland oder einem Land des Deutschen Reiches und der erste deutsche Papst seit Hadrian VI., der 1522 das Oberhaupt der katholischen Kirche wurde. »Bild« titelte kurz und knapp: »Wir sind Papst!«

Der außen recht schlichte Dom ist nicht nur eng mit Benedikt verknüpft, sondern auch mit Egid Quirin Asam, der im Inneren nicht mit barocker Ausstattung sparte. Den Besuch der mittelalterlichen Krypta, der Bestiensäule sowie des Diözesanmuseums sollte man nicht versäumen …

Alle Freisinger Highlights liegen zwischen Dom- und Weihenstephaner Berg. Und alle Besonderheiten können zu Fuß erkundet werden. Auf dem großzügigen Markt, wo man die Stadtfeste feiert, findet zweimal pro Woche rund um die Mariensäule der Grüne Markt statt. Prächtige Bürger- und Domherrenhäuser von der Gotik bis zum Barock flankieren die belebte Marktstraße und auch in den engen Gassen herrscht geschäftiges Treiben.

INFO

DER BLICK INS INNERE

»Am besten schmeckt das Bier bei sechs bis sieben Grad«, sagt der Brauereiführer beim Blick hinter die Kulissen der Weihenstephaner Brauerei. Er zeigt den Ablauf von der Entstehung des Bieres – mit dem Besuch des ehemaligen Maschinenhauses der Brauerei – von den Rohstoffen bis zum Bier und schließlich bis zum Genuss, denn am Ende der Führung steht eine Bierverkostung, auf die sich alle Besucher schon seit Anfang der Tour freuen. Überrascht werden die meisten trotzdem sein: So mannigfaltig zeigen sich die Biere in ihrer Farbe, ihrem Geruch und im Geschmack – ob nun würzig, fruchtig oder hopfenbetont. Besonders intensiv ist das Korbinian, ein dunkler Doppelbock, benannt nach dem Klostergründer.

WEITERE INFORMATIONEN

Ab München kommt man mit der S1 nach Freising, per Auto über die A92: www.freising.de, www.weihenstephaner.de (Führungen Mo–Mi; Anmeldung: info@weihenstephaner.de), www.freisinger-dom.de Im »Bräu-Stüberl« am Weihenstephaner Berg gibt's deftige bayerische Küche und Weihenstephaner Bier: www.braeustueberl-weihenstephan.de

← In dieser Kirche wurde der letzte deutsche Papst zum Priester geweiht und zum Bischof ernannt: Benedikt und der Freisinger Dom gehören zusammen.
↑ Die älteste Bierbrauerei der Welt: 1040 luchste ein Abt der Stadt Freising die Brau- und Schankrechte ab.

11

SPÜRBARE ENERGIEQUELLEN – DAS FÜNFSEENLAND

FÜR SEEN-SÜCHTIGE

Zwischen dem Starnberger See mit seinen Millionärsvillen und dem bäuerlich-bürgerlichen Ammersee liegen die drei kleinen Mitnamensgeber Pilsen-, Wesslinger und Wörthsee. Wobei Fünfseenland eindeutig Untertreibung ist. Fünfzig-Seen-Land käme der Sache schon näher. Denn es finden sich noch zahllose Weiher …

Sie liegt da wie ein Kunstwerk, splitterfasernackt am Kieselstrand. Die junge Frau tankt Sonne, genießt die Natur. Es ist Kaiserwetter, Sommer im Fünfseenland. Die Berge sind so nah. Der Duft von Blumen liegt in der Luft, der Wald scheint zu atmen. Und der Starnberger See plätschert müde vor sich hin.

»A Nackerte«, schallt es durch die Stille. Eine Schulklasse naht, die Frau bedeckt sich. Die Jugendlichen kommen vom nur wenige Meter entfernten Holzkreuz, das bei Berg an den wahrscheinlichen Suizid des Märchenkönigs Ludwig II. erinnert. »Dass der net schwimma hat kenna?«, sagt einer. »Schee bleed«, lautet die prompte Antwort. Das bleibt also übrig von einer Ortsbesichtigung, von Ludwig, der sich unverstanden fühlte, entmündigt wurde – und nun verunglimpft wird.

Berg war der letzte Aufenthaltsort von Ludwig II. Am 13. Juni 1886 ging er dort, drei Tage nach seiner Entmündigung, in den Tod. Möglicherweise, denn bis heute ist die Todesursache nicht geklärt. Mord ist durchaus denkbar: »Mit Chloriformen und Bandaschen traten sie behendig auf. Nach Schloß Berg ha'm sie ihn hingefahren. Dorten endet dann sein Lebenslauf …«, schrieb Oskar Maria Graf, geboren in Berg. Aber es gibt auch Spötter, die meinen, in einem Juni des 21. Jahrhunderts hätte Ludwig gar nicht ertrinken können. Über die vielen Surfbretter, Segelboote und Ruderkähne hätte er trocken das andere Ufer bei Possenhofen erreicht …

← Alles so schön bunt hier! Wohl dem, der so ein schönes Bootshaus am Ammersee besitzt …

Brecht kam mit dem Zug

Am Ammersee ist selbst am Wochenende nicht ganz so viel los. Das liegt am häufig nicht einfachen Seezugang. Verschilfung und Verlandung erfreuen zwar die Vögel, nicht aber Badegäste. Man rechnet damit, dass der Ammersee, entstanden vor etwa 14 000 Jahren, in ungefähr 20 000 Jahren nicht mehr existieren wird.

Aus den schmucken Höfen verströmt Stallgeruch, Fischer, Forstwirte oder Handwerker verrichten ihr Tagwerk und der Arbeiterschriftsteller Bert Brecht fuhr einst mit den sogenannten Badezügen von Augsburg an den Ammersee und wohnte sogar eine Weile in Schondorf und Utting. Szenen der »Dreigroschenoper« schrieb er dort, des weltweit erfolgreichsten Bühnenstücks deutscher Sprache. Aber den Uttingern scheint das egal zu sein: Es gibt kein Schild, keinen Hinweis, nichts. Am »Bauernsee« ist einfach vieles normal geblieben – sogar im Kloster Andechs, dem Wallfahrtsort und Biertempel in einem.

Auch der Wörthsee ist angenehm provinziell. Breite Badestege schützen den Schilfgürtel und lassen Baderatten trotzdem nicht im Trockenen stehen. Der Paradieswinkel am Südende verdient die Bezeichnung und zur Mausinsel in der Seemitte kann man schwimmen. Wörth bedeutete ursprünglich Insel. Aber leider: Man darf sie nicht betreten. Sie ist in Privatbesitz.

Noch kleiner und damit der kleinste der fünf Seen ist der Wesslinger See. Da ohne natürlichen Zu- oder Abfluss, sorgt eine Wasserfontäne für Umwälzung und genügend Sauerstoffgehalt. Ohne diese Pumpe wäre der See schon längst umgekippt. Der Beliebtheit als Badeziel tut dies keinen Abbruch. 200 000 D-Mark war es der Gemeinde 1968 wert, den See von Graf Toerring aus Seefeld ins Dorfeigentum zu überführen. Dieses Seefeld liegt am benachbarten Pilsensee und der wiederum hat – anders als der kleine Wesslinger See – nicht weniger als 36 Zu- und Abläufe, die innerhalb eines Jahres für den Austausch der gesamten Wassermenge sorgen.

Gebündelte Energie

Aber dieser Pilsensee hat auch ein Geheimnis. Er liegt auf einer imaginären Linie, die vom Münchner Dom zum Kloster Wessobrunn führt. Schloss Fürstenried am Stadtrand von München, heute ein Exerzitienhaus der katholischen Kirche, die keltische Viereckanlage bei Buchendorf, das Grab der Seherin von Mühltal bei Starnberg und Kloster Andechs liegen auf dieser Linie. Alle Orte haben ein großes Energiepotenzial und bilden eine Energielinie. Jutta Merkel, Reiki-Meisterin mit Wohnort in Seefeld am Pilsensee und in Energiefragen jenseits von elektrischem Strom und Kohlekraft bestens beschlagen, sagt: »Diese Orte sind uralte Energie- oder Kraftplätze. Klerus und Adel wussten sie seit jeher sinnvoll für ihre Zwecke einzusetzen.« Der Begriff Reiki stammt aus dem Japanischen. Rei heißt universell, Ki Lebensenergie und zusammen steht Reiki für eine Methode des geistigen Heilens durch Energie. »Kapellen, Kirchen und Schlösser thronen meistens erhaben auf Hügeln und bündeln Energie«, ergänzt Jutta Merkel. Jeder könne solche Energieplätze wahrnehmen, jeder könne solche Erdkräfte spüren, meint die Seefelderin, deren Familie vom Ammersee stammt und die Wasser, dem Urelement der Lebenskraft, gewaltige Kräfte zurechnet. »Ich lebe mittendrin im Fünfseenland«, sagt die leidenschaftliche Golferin. Sie ist also täglich umgeben von einer Bilderbuchlandschaft, wunderbaren Fairways und dem Urelement Wasser. Wen wundert es da, dass sie auch noch im Sternzeichen des Fisches geboren wurde?

Eine zweite Energielinie erstreckt sich vom Münchner Dom über die Ritterburg Schwaneck bei Pullach, die Birg, einer keltischen Wehranlage bei Schäftlarn, und die Maria-Dank-Kapelle bei Münsing bis zum Kloster Ettal. Ein Platz liegt ebenfalls genau auf dieser Linie: die Todesstelle von Ludwig II. bei Berg. Manchmal sieht man dort Menschen, die mit Wünschelruten das Zentrum dieses Kraftortes finden wollen.

↗ Die Mausinsel im Wörthsee: Aus der Luft sieht der See größer aus, als er ist.
↖ Radler vor historischer Kulisse: das Sisi-Schloss von Possenhofen am Westufer des Starnberger Sees, in dem Kaiserin Elisabeth einen Großteil Ihrer Jugend verbrachte
← Alltag am Ammersee: Ein Fischernetz hängt zum Trocknen an einer Holzhütte in Dießen.

INFO

SEGELN AUF DER PFÜTZE

Langsam bläht der Wind die Segel auf und die kleine Jacht schneidet ihren Bug ins bayerisch-blaue Wasser. Es geht gen Süden. Die Regeln an Bord sind einfach: 1. Recht hat immer der Kapitän. 2. Sollte er einmal nicht Recht haben, tritt sofort Regel 1 in Kraft. Und auf dem T-Shirt des Kapitäns steht: »Segle mehr, arbeite weniger« ... Hochseesegler rümpfen über Binnensegler oft nur arrogant die Nase, wenn diese auf ihrer bevorzugten Pfütze gemächlich von einem lauen Lüftchen angeschoben werden. Zum Genießen, ohne sportliche Ambitionen, aber dafür mit Picknick an Bord, und vor allem auch zum Schnuppern, wie das Segeln eigentlich geht, stellt so eine 58 Quadratkilometer große Pfütze wie der Starnberger See jedoch ein ideales Revier dar. Zumal es an den fünf Seen im Fünfseenland neun Segelschulen gibt, darunter die älteste Binnen-Segelschule Deutschlands am Ammersee.

WEITERE INFORMATIONEN

Ab München über die A95 oder mit der S6 nach Starnberg, Possenhofen, Feldafing, Tutzing. Und über die A96 oder mit der S8 nach Herrsching (Ammersee), Seefeld-Hechendorf (Pilsensee), Steinebach (Wörthsee), Wessling (Wesslinger See): www.5sli.de, www.andechs.de, www.segelschulemarx.de

Der Wind weht am Starnberger See: Man sieht es an den aufgeblähten Spinnakern der zahlreichen Segelboote.

12

VERSAILLES AM CHIEMSEE – HERRENCHIEMSEE

NACHTS ZUM MONDKÖNIG

Ludwig II. baute sein Schloss auf Herrenchiemsee als Hommage an Frankreichs Sonnenkönig Ludwig XIV. Auch wenn es nie vollendet wurde, ist es weit mehr als nur eine Kopie von Schloss Versailles. In Vollmondnächten können Besucher die Insel menschenleer erleben wie einst der König, der die Nacht gern zum Tag machte.

Einsam liegt es da, das herrschaftliche Schloss, als ein paar Besucher nachts mit dem Boot auf die Insel Herrenchiemsee übersetzen. Im sanften Schein des Vollmonds eröffnet schon die Anfahrt von Prien aus einen tollen Blick auf das geheimnisvolle Schloss Ludwigs II., wenn es kurz aus urwüchsigem Buchenwald hervorblitzt. Durch den Baumbestand bleibt dabei zugleich geschickt verborgen, dass dem unvollendet gebliebenen Monument eigentlich die beiden Seitenflügel seines Versailler Vorbilds fehlen. Die perfekte Illusion also!

Ein weltfremdes Leben führte der bayrische Herrscher am Ende seiner Tage, das so völlig anders verlaufen war als das von Frankreichs König Ludwig XIV., den er so grenzenlos verehrte, dass er ihm sein Schloss im Chiemsee als privates Denkmal widmete. Herrenchiemsee sollte mitnichten aber nur eine Kopie von Schloss Versailles werden, sondern sogar noch prächtiger als dieses. Schließlich wähnte sich Ludwig II. selbst in der Ahnenreihe des Sonnenkönigs, denn seinen Taufnamen hatte er über ein direktes Patenschaftsverhältnis innerhalb beider Königsdynastien erhalten. Rauschende Feste auf Herrenchiemsee? Fehlanzeige. Während in Versailles der Hofadel durch die Spiegelgalerie promenierte, um die Aufmerksamkeit des Königs zu erheischen, promenierte auf Herrenchiemsee nur einer: Ludwig II., und das vor allem nachts.

Tannhäuser bei Vollmond

Längst haben Park und Schloss schon geschlossen, doch nun, zur späten Stunde, können die Besucher zumindest die Insel so ursprünglich und menschenleer wie einst König Ludwig II. erleben. Der machte im fortgeschrittenen Alter gern die Nacht zum Tag, was ihm auch den Beinamen »Mondkönig« einbrachte: »Gefrühstückt hat er am Abend, Dinner gab es gegen Morgen, und sobald es Tag war, ging der Monarch zu Bett«, erzählt der passend zu dieser Exkursion in Gehrock und Zylinder gewandete Gästeführer.

Mit ihren Laternen irrlichtert die Gruppe gerade wie ein Schwarm Glühwürmchen durch den Schlosspark auf das Schloss zu, als dort in einem Zimmer Licht zu sehen ist. König Ludwig II. allein zu Haus? Welch inspirierende Vorstellung! Und wenn nun obendrein die Ouvertüre aus Richard Wagners »Tannhäuser« einsetzt, die der Guide soeben vom mitgebrachten CD-Player lautstark vor prunkvoller, vom Vollmond beschienener Kulisse erklingen lässt, wird die zauberhafte Atmosphäre zum Gesamtkunstwerk.

← Wer Herrenchiemsee bei Vollmond entdecken möchte, muss früh im Jahr reservieren.
↓ Das Schmuckstück der Chiemseeschifffahrt: der 1926 gebaute Schaufelraddampfer »Ludwig Fessler«

INFO

SCHIFFFAHRT MIT TRADITION

Fast könnte man glauben, in New Orleans zu sein, wenn man den 1926 gebauten Schaufelraddampfer »Ludwig Fessler« majestätisch über den Chiemsee pflügen sieht. Das Schmuckstück der Chiemseeschifffahrt ist mit seinem eleganten Aussehen und dem geschmackvollen Salon bis heute das beliebteste Ausflugsschiff der Flotte. Auch wenn sein Schlot längst nicht mehr raucht, weil man den ehemaligen Dampfer 1973 klimafreundlich auf dieselelektrischen Antrieb umgebaut hat. Bereits 1848 gründete Joseph Feßler in Prien die Fahrgastschifffahrt auf dem Chiemsee, die heute aus 15 großen und kleinen Schiffen besteht. König Ludwig II. fuhr jedoch nie mit dem Dampfschiff. Der scheue König ließ sich per Ruderboot zur Herreninsel bringen und zahlte Feßler Geld, damit keine Schaulustigen per Schiff auf die Insel kommen und er dort während seiner Besuche ungestört bleiben konnte (www.chiemsee-schifffahrt.de).

WEITERE INFORMATIONEN

Schloss Herrenchiemsee: www.herrenchiemsee.de
Vollmondwanderung: Anmeldung über Tourismusbüro Prien, www.tourismus.prien.de/erlebnisse/mondkoenig-maerchenkoenig

13

DAS KRANZBACH – KLAIS

DAS ENGLISCHE SCHLOSS

Mit seinen typischen Treppengiebeln im Tudor-Stil erinnert »Das Kranzbach« an ein Nobellandhaus inmitten des abgelegenen Elmauer Hochtals. Von einer englischen Aristokratin als Refugium für Musikerfreunde geplant, ist es heute das einzige englische Schloss in den Alpen, betrieben als Erholungsort für Wellness-Urlauber.

Landschaftsbühnen wie die wildromantischen Kranzbachwiesen haben schon seit jeher Künstler in ihren Bann gezogen. Die englische Aristokratin Mary Portman war 1913 mit der Pferdekutsche unterwegs, als sie anhalten ließ, um die sogenannte Goldene Runde aus Karwendelmassiv, Wettersteingebirge und Zugspitze zu bestaunen. Genau hier wollte sie ihren noblen Landsitz im Tudor-Stil bauen. Marys Familie gehörte zu einer der reichsten in England und verfügte über die finanziellen Mittel, Marys Pläne vom eigenen Schloss in den Alpen wahr werden zu lassen. Die adelige junge Dame führte für damalige Zeiten ein recht unangepasstes Leben. Sie war als talentierte Geigerin zum Studium nach Deutschland gekommen. Ihre Violine ist heute im Besitz der Stradivari-Gesellschaft und trägt den Namen »Mary Portman«.

Schweigen im Walde

Für einen elitären Kreis von Künstler- und Musikerfreunden wollte Mary ihr nobles Landhaus als kulturellen Treffpunkt inmitten der Bergeinsamkeit entstehen lassen. Die Pläne in Stilrichtung der Arts-and-Crafts-Bewegung stammten von den bekannten englischen Architekten Detmar Blow und Fernand Billerey. Mit Treppengiebeln und unverputztem Bruchsteinmauerwerk ist die Reminiszenz an englische Architekturtradition bis heute unübersehbar. Jedoch wurde Marys Traum vom Künstlerdomizil nie Wirklichkeit, denn mit Beginn des Ersten Weltkriegs kehrte sie nicht mehr nach Deutschland zurück und hat ihr fertiges Schloss vermutlich nie gesehen.

Seit 2003 ist das Kranzbach ein luxuriöses Wellness-Refugium, wofür das denkmalgeschützte Mary Portman House moderne Gebäudeerweiterungen mit Gartenflügel und Badehaus bekam. Diese mussten so angeordnet werden, dass man sie von den wichtigsten Perspektiven aus nicht sehen konnte, weshalb man sie in der bestehenden Hangkante geschickt fast unsichtbar verschwinden ließ. Bis heute herrscht im Anwesen die Atmosphäre eines englischen Landsitzes ohne jeglichen Plüsch, aber mit etlichen Kaminräumen sogar im Spa-Bereich. Das Kranzbach profitiert dabei von dem, was es nicht hat: keine direkt vorbeiführende Straße, keine Nachbarn, kein öffentliches Restaurant und keine öffentlichen Veranstaltungen. Beim Schneeschuhwandern ist es hier bisweilen so still, dass man sogar das Fallen der Schneeflocken hören kann. Kein Wunder, schließlich wurde hier auch der berühmte Ganghofer-Roman »Das Schweigen im Walde« verfilmt.

INFO

KÖNIGSHAUS AM SCHACHEN

Ganz in der Nähe vom Kranzbach hat sich König Ludwig II. ein höchst ungewöhnliches Refugium bauen lassen, das ihm bei seinen Aufenthalten in den Bergen als Rückzugsort diente. Der Märchenkönig ließ sich von Georg Dollmann Ende des 19. Jahrhunderts ein Königshaus auf der Schachenalpe bauen. Von außen eher bescheiden, ist im Inneren besonders der »Türkische Saal« spektakulär: Farbige Glasfenster, opulent bestickte Textilien, Pfauenfedern und Kandelaber spiegeln die Orientbegeisterung des Königs und seiner Zeit wider. Ludwig II. feierte hier seinen Geburts- und Namenstag, bei dem Diener das exotische Bild perfektionieren mussten, indem sie orientalisch verkleidet waren, Wasserpfeife rauchten und Tee tranken. Ließ sich der König noch mit Pferdekutsche oder Pferdeschlitten hinauffahren, muss, wer heute zum Königshaus will, gut zu Fuß sein, denn nur auf diese Weise ist es erreichbar (Gehzeit von Kranzbach aus ca. 4 Std., Anf. Juni–Anf. Okt., www.schloesser.bayern.de).

WEITERE INFORMATIONEN

Wellness-Refugium: Das Kranzbach, www.daskranzbach.de

← Das Kranzbach, von einer Aristokratin als Privatdomizil geplant, ist das einzige englische Schloss in den Alpen und heute ein Wellnesshotel.
↑ Von außen eher bescheiden, von innen spektakulär: das Königshaus von Ludwig II. am Schachen.

14

ALMABTRIEB IM BOOT – KÖNIGSSEE

KUH AHOI!

Nach einem arbeitsreichen Almsommer werden die Kühe am Königssee mit eigenen Fähren über den See zurück in ihre Heimatställe gefahren. Die Steige über die Berge sind zu mühsam und lang, weshalb der einfachste Weg für Mensch und Tier übers Wasser führt. Für Einheimische und Touristen ein ganz besonderes Spektakel.

Es ist eine jener Szenerien, wie man sie für gewöhnlich nur aus Krimiverfilmungen kennt. Vor lauter Nebel ist kaum etwas zu erkennen, dafür um so mehr zu hören. In der Ferne singt eine Musikantengruppe, begleitet von einer Ziehharmonika, die Volksweise: »Da Summa is umma.« Was soviel heißt wie: Der Sommer ist jetzt vorbei. Das lässt sich auch daran erkennen, dass frühmorgens noch Nebelschwaden über das smaragdgrüne Wasser des Königssees wabern und das weiche Licht der Herbstsonne erst langsam beginnt, die steil aufragenden Berggipfel auszuleuchten. Doch dann gibt der Nebel plötzlich einen langsam sich nähernden Lastkahn frei, auf dem eine kleine Kuhherde steht. Im Bug des Schiffes sitzt die bereits akustisch vernommene Musikantengruppe aus Viehtreibern und einer Sennerin in schönster Festtagstracht. Was sich ausnimmt wie eine Fata Morgana oder die Fahrt der Arche Noah über den Königssee, ist die wohl kurioseste Art, einen Almsommer zu beenden: ein Almabtrieb im Boot!

Seit jeher haben die Bauern vom Renner-, Moos- und Grafenlehen noch Almrechte am Südufer des Königssees auf der Saletalm und weiter hinten am Obersee. Doch so idyllisch diese Almen auch liegen, so schwer zugänglich sind sie. Die mächtigen Felswände der Berchtesgadener Alpen fallen fast senkrecht zum Ufer des fjordartigen Sees hinab, um den es keinen durchgängigen Fußweg gibt. Die Steige über die Berge sind mühsam und lang, weshalb der einfachste Weg für Mensch und Tier übers Wasser führt. Und so müssen nach etwa hundert Tagen Sommerfrische auf saftigen Kräuterwiesen insgesamt etwa 30 Kühe in mehreren Fuhren von den Almen in ihre heimischen Ställe zurückgebracht werden. Die Kühe vom Königssee sind damit die einzigen im gesamten Alpenraum, die eine einstündige Bootsfahrt unternehmen dürfen.

Einzigartige Kulturlandschaft

Bis es soweit ist, liegen bereits viele Tage harter Arbeit hinter den Sennern, die sich von Mitte Mai bis Anfang Oktober auf Zeit verdingen, um sich um Alm und Tiere zu kümmern, während die Bauern weiter den Haupthof bewirtschaften. Die drei Almen am Königssee sind Teil des 1978 gegründeten Nationalparks Berchtesgaden, dem einzigen Alpennationalpark Deutschlands, in dessen ganzem Einzugsgebiet sich noch 48 berechtigte Bauern 25 Almen teilen. Zwar wird hier generell die Natur sich selbst überlassen, aber die Almwirtschaft darf gleichzeitig noch auf traditionelle Weise erfolgen, weil man die bis ins 14. Jahrhundert zurückreichenden Erbrechte der Bauern bei Gründung des Nationalparks berücksichtigt hat. Denn ohne weidende Kühe wären die

→ Wenn der Sommer gut verlaufen ist, sind die Kühe für den Almabtrieb aufwendig geschmückt.

92 483

INFO

AUF SCHATZSUCHE

Bergbrenner im Nationalpark Berchtesgaden – dieser Beruf ist wirklich einzigartig auf der Welt. Schon im frühen 17. Jahrhundert statteten Berchtesgadener Fürstenpröpste die Familie Grassl mit besonderen Grab- und Brennrechten aus. Sie mussten die Almen durch maßvolles, aber regelmäßiges Graben von Enzianwurzeln milchviehgerecht halten sowie aus den Wurzeln Branntwein brennen und verkaufen. Die kostenlose Nutzung ist hierfür rechtlich verbrieft und gilt bis heute. Zwischen Juni und Oktober betreiben die Grassls noch fünf solcher Enzian-Brennhütten zur Traditionspflege, denn längst wird auch im Tal gebrannt. Damit sich der Enzian wieder erholt, wird jedes Jahr an anderer Stelle gegraben und die Bergbrenner wechseln zu einer anderen Hütte. Für die Enzian-Herstellung werden die Wurzeln zerkleinert, gemaischt und vor Ort unter einfachsten Bedingungen gebrannt. Ein Stamperl Enzian von einer dieser historischen Brennhütten ist damit etwas ganz Besonderes (www.enzian-grassl.com).

WEITERE INFORMATIONEN

Der Almabtrieb über den Königssee findet jedes Jahr an einem der ersten beiden Wochenenden im Oktober statt und ist von der Wetterlage abhängig. Terminbekanntgabe unter: www.koenigssee.de

Grassl verfügt über besondere Grab- und Brennrechte von Enzian im Nationalpark Berchtesgaden.

Almwiesen schnell wieder von Wald bewachsen und eine einzigartige Kulturlandschaft mit seltenen Pflanzen und Tieren würde für immer verschwinden.

Die Almwirtschaft nahm einst ihren Anfang, als die Bauern das Vieh im Sommer von ihren Höfen in die Berge trieben, weil im Tal das Futter nicht fürs ganze Jahr reichte. Heute hält man aus Gründen der Tradition und wegen der besseren Qualität von Milch und Fleisch dank des saftigen Almgrases daran fest. Die Weideflächen der Almen sind aber meist klein und die Verköstigung von Wanderern mit Produkten aus eigener Herstellung deshalb ein willkommenes Zubrot. Sofern der Almsommer glücklich verlaufen ist, also weder den Tieren noch der Bauernfamilie ein Unglück geschehen ist, müssen die Senner zum Ende des traditionellen Sommers ab St. Bartholomä (24. August) neben ihrer Almarbeit mit dem Basteln des aufwendigen Kuhschmucks für den Almabtrieb beginnen. Mindestens 30 Stunden dauert es, bis eine Kuh dann eine sogenannte Fuikl mit bunt gefärbten Blumen und Rosetten aus Holzspanbändern als Krone tragen kann.

Kreuzfahrt für Kühe

Am letzten Almmorgen rückt dann Verstärkung an. Zusammen mit den Almbauern und ein paar Viehtreibern werden die Kühe zu einem mit Gattern versehenen traditionellen Transportschiff gebracht, einem sogenannten Landauer. »Die Kühe kennen die Prozedur schon. Für sie macht es keinen Unterschied, ob sie auf einen Lkw oder aufs Boot steigen«, sagt Bauer Resch und schiebt den nächsten Kuhhintern auf die Rampe. Die Tiere unternehmen diese Kreuzfahrt jedes Jahr. Hinten steigt der Steuermann zu, vorne die Sennerin und die Musikanten mit der Ziehharmonika.

Mit Gesangsbegleitung geht es dann vorbei an der berühmten Wallfahrtskirche St. Bartholomä mit ihren barocken weinroten Zwiebeltürmchen und der mächtigen Watzmann-Ostwand. Und so ähnelt die Tour der Kuhbootsfahrt fast jenen Ausflugsfahrten, welche die vielen Königsseebesucher machen. In der Hochsaison sind täglich bis zu 5000 Touristen mit den Königssee-Schiffen unterwegs, die bereits seit gut 100 Jahren nur mit leisen Elektromotoren fahren dürfen. Prinzregent Luitpold hat das damals eingeführt, nicht um die Natur zu schützen, sondern damit das Rotwild in seinem Lieblings-Jagdrevier nicht Reißaus nimmt.

Reißaus nehmen auch die Kühe nicht, wenn sie in Schönau an der Seelände aussteigen müssen. Sie kennen ja das Spektakel schon, wenn jedes Jahr hunderte Besucher darauf warten, dass die Bauern endlich aufkranzen, also den Kühen ihren Kopfschmuck anlegen. Vergessen sind dann die Tage der schweren Almarbeit. Die Kühe tragen Kronen, die Einheimischen Tracht. Die Blasmusik spielt und die Touristen fotografieren, bis die Chipkarten glühen. Bayerischer kann Bayern nicht sein.

↖ Die Kühe vom Königssee sind die einzigen im Alpenraum, die beim Almabtrieb eine einstündige Bootsfahrt unternehmen dürfen.
↗ Die Ankunft der Boot fahrenden Kühe wird von einer Musikkapelle begleitet.
→ Aufkranzen will gelernt sein, denn so manche Kuh hat ihren eigenen Kopf.

15

DRÜCKEBERGERGASSE – MÜNCHEN

AUF UMWEGEN

Münchens Mythos als nördlichste Stadt Italiens lässt sich heute vortrefflich bei sommerlichen Freiluftkonzerten am Odeonsplatz erleben. Nationalsozialisten hatten auf dem Platz an der Feldherrnhalle aber einst ein Ehrenmal errichten lassen, das einige Münchner nicht passieren wollten und deshalb eine Seitengasse nahmen.

Historisch versierte Münchner kennen die Viscardigasse auch als Drückebergergasse. Die etwa fünfzig Meter lange, nur für Fußgänger freigegebene Gasse verbindet die Residenzstraße mit ihrer von Glücks-Löwen bewachten Residenz (siehe Infokasten) und die Theatinerstraße, kurz bevor beide Straßen an der Feldherrnhalle auf den Odeonsplatz münden. Doch wem wollte man hier eigentlich aus dem Weg gehen? Während der NS-Zeit befand sich in unmittelbarer Nähe der Feldherrnhalle auf dem Odeonsplatz ein Denkmal mit SS-Ehrenwache, das an Hitlers gescheiterten Putschversuch 1923 und die dabei getöteten Putschisten erinnern sollte. Als Ehrbezeugung wurde seinerzeit von Passanten der Hitlergruß erwartet. Wer das vermeiden wollte, bog an der Rückseite der Feldherrnhalle in die sogenannte Drückerbergergasse ab und entging damit den wachsamen Augen der Schutzstaffel. Erst 1945 ließen US-Streitkräfte das nationalsozialistische Ehrenmal bei der Feldherrnhalle demontieren und einschmelzen.

Drückeberger – was für viele gegenwärtig nach Faulheit oder Feigheit klingt, war zu NS-Zeiten ein stiller ziviler Widerstand gegen das nationalsozialistische Regime. Heute erinnert daran in der Drückebergergasse nur mehr eine s-förmig geschwungene Bronzespur mit dem Titel »Argumente«, die der Künstler Bruno Wank 1995 ins Kopfsteinpflaster eingelassen hat. Für die etwa 30 Zentimeter Breite Spur wurden vorhandene Pflastersteine durch unbehandelte Bronzewürfel ersetzt, die im Lauf der Zeit durch Passanten eine glänzende Oberfläche erhielten.

Italienischer Open-Air-Salon

Am Odeonsplatz selbst könnte man heute Italien kaum näher sein. Die schattigen Stufen der Feldherrnhalle, die von zwei großen Löwenstatuen bewacht werden, sind an sonnigen Tagen ein beliebter Treffpunkt zum Ratschen und Eisschlecken. Der Bau war von König Ludwig I. Mitte des 19. Jahrhunderts als Nachbildung der Loggia dei Lanzi in Florenz bei Friedrich von Gärtner in Auftrag gegeben worden und diente vor der Zweckentfremdung durch die Nazis als Ehrenhalle des bayerischen Heeres. Dominiert wird der Odeonsplatz von der ockergelben Theatinerkirche mit ihrer imposanten, barocken Doppelturmfassade nach römischem Vorbild. Jeden Sommer verwandelt sich der Platz zu Münchens schönstem Open-Air-Konzertsaal, auf dem weltberühmte Klassikstars vor 16 000 Gästen auftreten, und erinnert daran, dass der Platz seinen Namen ursprünglich einem ehemaligen Konzertsaal namens Odeon verdankt.

← Hinter der Feldherrnhalle bogen manche in der NS-Zeit lieber in die Drückerbergergasse ab, um den Augen der Schutzstaffel zu entgehen.
↓ Das Berühren blankgescheuerter Löwenschnauzen soll Glück bringen.

INFO

KÖNIGLICHE GLÜCKSBRINGER

Vier bronzene Löwen bewachen den Eingang der Residenz mit blank gescheuerten Nasen. Wer im Vorbeigehen eine der Schnauzen am unteren Ende eines mächtigen Schildes berührt, den soll das Glück den Rest des Tages begleiten. Dass ausgerechnet diese Löwenschnauzen als Glücksbringer gelten, ist einem Münchner Studenten zu verdanken: Der hatte im Jahr 1848 einen Schmähbrief über Lola Montez, die Geliebte Ludwigs I., verfasst und ihn an der Residenz platziert. Der verärgerte König lobte ein Kopfgeld aus, worauf sich der junge Mann freiwillig meldete, was den Monarchen so beeindruckte, dass er den Studenten begnadigte und ihm auch noch das ausgelobte Kopfgeld überließ. Beim Verlassen der Residenz soll der junge Mann vor Glück so ins Taumeln gekommen sein, dass er sich an einer der Löwenschnauzen festhalten musste. Ob das seither gern gepflegte Ritual auch anderen Glück zu bringen vermag, ist wohl reine Glaubensfrage.

WEITERE INFORMATIONEN

Residenz: www.residenz-muenchen.de
Odeonsplatz: Open-Air-Klassik, www.klassik-am-odeonsplatz.de

16

MÜLLERSCHES VOLKSBAD – MÜNCHEN

BADESPASS FÜR ALLE

Ein reicher Unternehmer, der dem armen Volk einen mondänen Badetempel schenkt? Das gab es in München 1901 in der Tat. Das Jugendstil-Juwel des Müllerschen Volksbads geht auf die Spende eines Münchner Ingenieurs zurück. Der wollte allen Einwohnern ein Wannenbad ermöglichen, und das gilt bis heute.

Zeigt her Eure Fingerkuppen, hieß es noch vor 120 Jahren im Müllerschen Volksbad. Eine andere Möglichkeit der Zeiterfassung gab es damals noch nicht. Und so musste man an den verschrumpelten Fingerkuppen erkennen, wer sich schon ziemlich lange im Wasser vergnügt hatte und deshalb rausmusste, weil die Leute draußen schon Schlange standen, um auch endlich in das schöne Jugendstilbad Einlass zu bekommen. Heute fungieren die Bademeister auch als Museumswärter und Denkmalpfleger, ist doch die Innenausstattung in Jugendstilform zum großen Teil noch immer original erhalten und so manche Restaurierung kostspielig, denn vieles muss von Spezialfirmen von Hand gefertigt werden.

Schon bei seiner Eröffnung war es das größte und teuerste Schwimmbad der Welt und das erste öffentliche Hallenbad in München. Vorbilder für den exquisiten Bau nach einem Entwurf von Carl Hocheder waren orientalische Hamams und römische Thermenanlagen. Schmuckelemente wie breite Treppen, Wandmalereien, Stuck, Bronzestatuen und verzierte Eisengitter machen das Baden und Saunieren zu einem stilvollen Erlebnis mit Retroflair und das Müllersche Volksbad zu einem Schwimmtempel der Extraklasse.

Die eiserne Jungfrau

Zwei getrennte Hallen mit ursprünglich einem Herren- und einem Damenbecken, die mittlerweile beidgeschlechtlich genutzt werden dürfen, sind von einem Tonnengewölbe mit Galerie und einer Flachkuppel überspannt. Schon immer gab es auch ein römisch-irisches Schwitzbad, in dem sich der Körper in verschieden temperierten Warmlufträumen (40, 60, 80° C) langsam erwärmt. Für Abkühlung sorgt die sogenannte eiserne Jungfrau. Die nach einem mittelalterlichen Folterinstrument benannte, halbkreisförmige Dusche verfügt über zehn Metallröhren, aus denen eiskaltes Wasser spritzt.

Der reiche Münchner Ingenieur Karl Müller ließ dieses schöne Badehaus bauen und vermachte es der Stadt mit der Auflage, es der Bevölkerung als öffentliches Wannenbad zur Verfügung zu stellen. In jener Zeit waren private Badezimmer Luxus. Doch auch heute, da die meisten Münchner ihre eigenen Badezimmer haben, hält man an der Tradition fest. Badegäste, die heute zum Saunieren oder Schwimmen ins Jugendstilbad kommen, können mittellosen Mitbürgern ein Wannenbad spendieren und das Ticket dafür an der Kasse hinterlegen. Eine Bedürftigkeitsprüfung gibt es nicht, da vertraut man auf den gesunden Menschenverstand.

INFO

AM ISARSTRAND
Ein Flussbad, Badeschiff oder Bootsrestaurant gibt es zwar noch nicht an der Isar, doch gleich beim Müllerschen Volksbad ist der Fluss so seicht, dass sich hier viele auf dem breiten Kieselstrand sonnen und den tollen Ausblick genießen. »Isar für alle« lautet das Motto beim Kulturstrand mit Kiosk und Kulturbühne direkt auf der Isarinsel am Vater-Rhein-Brunnen zwischen Deutschem Museum und Muffatwerk, einem ehemaligen Wasserkraftwerk. Hier kann man zum Sundowner im Liegestuhl abhängen und dabei die nackten Füße in den aufgeschütteten Sand stecken. Oder man wechselt hinüber zum Muffatwerk mit seinem Biergarten auf der Praterinsel, der ganz nah am Wasser liegt und Platz für 400 Gäste hat. Seine Lage am 70 Kilometer langen Isarfahrradweg ist einmalig: ein Biergarten im Grünen direkt neben dem denkmalgeschützten Industriebauwerk des Müllerschen Volksbads.

WEITERE INFORMATIONEN
Müllersches Volksbad: www.swm.de/baeder/schwimmen-sauna/muellersches-volksbad
Kulturstrand: www.kulturstrand.org
Muffatwerk: www.muffatwerk.de

← Eines der schönsten Jugendstilbäder Europas: Das Müllersche Volksbad in München hält bis heute an seinem sozialen Charakter fest.
↑ Auf dem breiten Kieselstrand an der Isar lässt sich vortrefflich die Abendsonne genießen.

17

DIE ERDFUNKSTELLE – RAISTING

ROKOKO MIT MONDLANDUNG

Im oberbayerischen Pfaffenwinkel trifft eine Bilderbuchlandschaft mit Weltkultur auf eine bizarre Science-Fiction-Kulisse. Die Antenne 1 der Erdfunkstelle Raisting ist Industriedenkmal, seit 1999 unter Denkmalschutz und erzählt nun mit Ausstellungen und Breitwandkino von den Anfängen des digitalen Lebens.

»Aber da sind ja gar keine Astronauten«, sagt das kleine Mädchen mit großen Augen vor der Antenne 1. Sie ist sichtbar enttäuscht und irgendwie würde es schon passen, wenn da jetzt Menschen in Marsanzügen vor den riesigen Antennen und Parabolspiegeln herumlaufen würden. Der Papa erklärt, dass diese Antenne 1 dafür sorgte, dass 1969 Fernsehbilder von der Mondlandung in die deutschen Wohnzimmer flimmerten. »Vom Mond?«, fragt sie. »Wirklich direkt vom Mond?« Das Radom – ein Kunstwort – wie die Antenne 1 in Raisting heißt, war schließlich die wichtigste Verbindung Deutschlands zur Welt. Nur die USA, Großbritannien, Frankreich und Australien hatten damals solche Anlagen. Wir sprechen von einer Zeit, in der Rechner extrem wenig Kapazität, aber die Größe von Wohnzimmern hatten. Ein Überseegespräch kostete 50 D-Mark pro Minute, mit Raisting nur noch drei. Und das Fräulein vom Amt wurde in Rente geschickt. »Die Antenne 1 ermöglichte den ersten Schritt vom analogen ins digitale Zeitalter«, erklärt René Jakob, Geschäftsführer der Radom GmbH. Und sie ermöglichte eben, dass Neil Armstrongs »kleiner Schritt für mich, aber ein großer für die Menschheit« auch in der Bundesrepublik zu sehen war. Die Bilder von Armstrong wurden in Australien empfangen, über Satellit nach Raisting, von dort auf die Zugspitze und schließlich in die deutschen Wohnstuben gesandt.

Keine James-Bond-Geschichten

Raisting lag so südlich wie möglich und dennoch weit genug von den hohen Alpen weg, um den besten Empfang zu haben. Die Standortwahl war also kein Zufall und so kam der Pfaffenwinkel, ein Stück nahezu perfektes Oberbayern mit Stallgeruch und 160 Kirchtürmen, die in den weiß-blauen Himmel ragen, zu seinen Parabolspiegeln mit 7 bis 32 Metern Durchmesser. Aber Astronauten und Agenten gab es nie in Raisting: keine Versuche, mit Außerirdischen in Kontakt zu treten, keinen James Bond oder reale Agenten-Kollegen, wenngleich Jakob einschränkt: »Spionage wurde zumindest offiziell nicht betrieben …«.

Natürlich wirkt die Erdfunkstelle in Raisting bis heute wie fehl am Platz, hat aber andererseits auch ihre optischen Reize. Jedenfalls wurde das Projekt damals nicht wie Gott gegeben angenommen, was man vielleicht im katholischen Pfaffenwinkel hätte annehmen können. Der Vater von Albert Tafertshofer war im Raistinger Gemeinderat mit den Planungen der Erdfunkstelle zu Beginn der 1960er-Jahre vertraut: »Es war sicher keine Liebesheirat«, sagt Tafertshofer. »Die Braut – Raisting – wurde zunächst nicht gefragt, der Bräutigam – die Bundespost – hielt seine Pläne geheim.« Also tauchten Ge-

← Kircherl und Antennen: Raisting war lange Zeit die wichtigste Verbindung Deutschlands zur Welt.

rüchte auf. Der Zweite Weltkrieg war gerade mal 16 Jahre vorbei. Es bestand »die Furcht, dass bei einem erneuten Kriegsausbruch Raisting bombardiert werden könnte, um die Nachrichtenübertragung zu stören«, so Tafertshofer weiter. Es herrschte der Kalte Krieg, die Berliner Mauer war erst kurz zuvor erbaut worden. Doch mit einem großzügigen Ankauf von Grundstücken zum damals sehr guten Preis von 15 D-Mark für den Quadratmeter verstummten bald die Gegenstimmen, zumal man ja an die kommenden Mitarbeiter auch gut Zimmer vermieten konnte.

»Dann standen die Dinger einfach da«, erinnert sich der Käser Sepp Krönauer von der »Schönegger Käse-Alm«. »Sie müssen wissen: Wir auf dem Land hatten Anfang der 1960er-Jahre weder ein Auto noch einen Fernsehapparat! Und einen Sonntagsausflug zum Gucken gab's auch nicht, obwohl wir ja nur 13 Kilometer entfernt lagen.« So wurden diese »Dinger« – genau genommen sieben große und unzählige kleine Antennen – mit der Zeit zum Symbol für den Wirtschafts- und Innovationsstandort Bayern. Erst kamen Rokoko und Erdfunkstelle, dann Laptop und Lederhose.

Olympische Spiele und Fußball-WM

1843 markierten Morsezeichen auf elektrischen Telegrafenleitungen den Beginn neuzeitlicher Nachrichtentechnik. Es folgten Kabelleitungen, sogar unter Wasser: Werner Siemens verlegte sie erstmals 1848 in Köln durch den Rhein. Sie beförderten aber gerade mal hundert Wörter pro Stunde. Sprechfunk auf Lang- und Kurzwelle folgten, doch erst die Satellitenverbindungen mit Erdfunkstellen, von denen es derzeit ein Dutzend in Deutschland gibt, ermöglichten eine Kommunikation, wie wir sie heute kennen. Am 20. Januar 1965 fand die erste reguläre TV-Übertragung statt. Die Spannung war immens, obgleich es sich doch nur um die Amtseinführung des US-amerikanischen Präsidenten Lyndon B. Johnson handelte. Der erste öffentliche Fernsprechbetrieb über Raisting folgte später, am 28. Juni des gleichen Jahres. »Für uns junge Burschen war das alles gar nicht interessant. Aber 1972 und 1974, das war uns wichtig: Olympische Spiele in München und die Fußball-Weltmeisterschaft!«, erinnert sich Sepp Krönauer. Denn auch diese sportlichen Großereignisse liefen über Raisting.

1985 wurde das Radom außer Betrieb gestellt. Die Gemeinde sicherte sich die Antenne 1 für einen symbolischen Euro. Sie war ja auch nur für 20 Jahre Dienst eingeplant. Die anderen Antennen sind noch in Betrieb und mit Satelliten in Kontakt, ob für Schiffsverbindungen oder fürs Homeoffice – und zwar nicht nur wegen Corona: Wenn es in Frankfurt 10 Uhr ist, schläft New York noch und Sydney geht ins Bett, die Offices internationaler Firmen aber sind 24 Stunden in Bereitschaft ...

↗ Die Welt auf einen Blick: die Erdfunkstelle in Raisting unter der Milchstraße in einer klaren Nacht
↖ Wenn der Klapperstorch kommt ...: Mit viel Glück sieht man die langbeinigen Vögel manchmal auf den Dächern in Pähl bei Raisting.
← Esoteriker sind jetzt vielleicht enttäuscht: Dieser Kornkreis in der Nähe der Erdfunkstelle wurde von Menschenhand angelegt ...

INFO

IST DAS DIE WIESKIRCHE?

Die kleine Kirche St. Johann auf Heiligenstätten bekommt beinahe täglich ungeahnten Ruhm. Sie steht unbeeindruckt und von mehreren Parabolantennen umgeben auf einer weiten Ebene und nicht nur die vielen japanischen, sondern auch zahlreiche deutsche Bustouristen meinen, dass sie die berühmte Wieskirche sei, das Weltkulturerbe, »die formvollendetste Rokoko-Kirche der Weltgeschichte«, wie der lange Zeit dort wirkende Pfarrer Gottfried Fellner meint. Anders als die Antennen, bei denen das Herz der Technik schon beim ersten Blick unübersehbar ist, offenbart die Wieskirche ihre geradezu verschwenderische Schönheit ja erst beim Betreten des ovalen Hauptraums. Über den Kirchenbänken wölbt sich mächtig der Himmel. Das Deckenfresko im Trompe-l'œil-Stil überstrahlt alles und 420 Engel bewachen die »Kirch auf der Wies«. Es gibt kaum einen Ort, wo man der Welt der Kreuze, Monstranzen und Reliquien, der Wallfahrer, Büßer und Beter näherkommt.

WEITERE INFORMATIONEN

Raisting liegt südlich vom Ammersee und ist in einer Stunde, auch mit der Bahn, ab München erreichbar: www.radom-raisting.bayern, www.wieskirche.de, www.schoenegger.com, www.pfaffen-winkel.de

Neben der Erdfunkstelle steht die ehemalige Wallfahrtskirche St. Johannes der Täufer. Ihr Altar thront direkt über einer Quelle.

18

ISARTAL UND ISARWINKEL – DAS TÖLZER LAND

MIR SAN MIR

Kochel-, Walchen- und Sylvensteinsee, Brauneck und Blomberg – umgeben vom mondänen Tegernsee und der mächtigen Zugspitze haben es Bad Tölz und der Isarwinkel nicht einfach – besonders, wenn einer wie Herbert Achternbusch ausholt … Doch die Tölzer sagen nicht nur »Mir san mir«, sondern auch »Wer ko, der ko!«

Das Paradies hat einen bittersüßen Duft von Tannen, Himbeeren und Kräutern, vermischt mit dem charakteristischen Aroma des Mooses, das von der Sonne durchwärmt ist, der großen mächtigen Sonne eines Sommertages in Bad Tölz«, schrieb einst Klaus Mann in »Der Wendepunkt«: »Die Luft riecht nach Sommer, schmeckt nach Sommer, klingt nach Sommer. Die Grillen singen ihr monotonhypnotisierendes Sommerlied.« Und tatsächlich könnte man weiter schwärmen: Der See glitzert im Sonnenlicht, ein paar Kähne dümpeln dahin, Bergkämme recken ihren schmalen Grat in die Höhe, gefleckte Kühe grasen glücklich. Eine Sennerin sieht man beim Buttern, den Kaser, wie er den Almkäse macht. Und im Tal liegen sattgrüne Wiesen mit purpurfarbenen Wildblumen, umsäumt von majestätischen Föhren, die ihre Kronen in einer sanften Brise wiegen … So – oder so ähnlich – könnte beinahe jede Oberbayern-Geschichte beginnen. Und sie würde häufig tatsächlich ein stimmiges Entree zeichnen, auch für das Tölzer Land und den Isarwinkel, der schon in einem Vertrag mit Herzog Albrecht IV. »des Holzschlags wegen« 1497 als »Iserwinkl« definiert wurde: die Gegend zwischen Bad Tölz und Wallgau.

Der Atlantik im Walchensee

Herbert Achternbusch, der kürzlich verstorbene Schriftsteller, Filmemacher und Ur-Bayer im etwas anderen Sinn, hat solch ein idyllisches Entree nie gewählt. Teile seines Filmes »Der Atlantikschwimmer« spielen im Isarwinkel: Um der quälenden Enge ihrer Heimat zu entfliehen, wollen zwei verhinderte Selbstmörder den Atlantik durchschwimmen. Im Walchensee schwimmt dabei einer auf einen Fischer in einem Ruderboot zu und fragt, ob es da nach Amerika ginge. Der Fischer nimmt kurzerhand sein Paddel und schlägt dem Atlantikschwimmer mit den Worten auf den Kopf: »Du vertreibst mir ja die Fisch'!« Eine typische Achternbusch-Szene: ein Keulenhieb auch fürs Publikum, wortkarg, plump, beinahe dümmlich-provinziell und überdreht. Achternbusch bricht mit seinen Filmen bewusst in die Normalitäten seiner Heimat ein. Er provoziert mit kantigen bis schon schockierenden Szenen. Statt schönes Landleben sieht er versteinerte Zustände. So sind eben die Blickwinkel: Idylle und Himmel für die einen sind der Vorhof zur Hölle für andere. Besonders wenn die Festtagstracht ausgepackt wird …

Fast alle im Tölzer Land haben eine aufwendige und teure Kluft im Schrank. Unverheiratete Frauen gehen in farbenprächtigen Dirndln, Verheiratete ziehen den Schalk, meist aus dunkler, kostbarer Seide, an. Und was eine echte Lederhosen ist, kann man an jeder Ecke und in einer der zahlreichen Säcklereien sehen: Wer ko, der ko – wer kann, der

→ Wie eine Schlange im Wald: kurvenreiche Straße im Tölzer Land von oben

INFO

WENN DIE DÜSE BLÄST

Surfen und Kiten auf dem Walchensee bedeutet, Bayerns windsichersten See für seinen Sport zu nutzen. Eingerahmt von der grandiosen Bergkulisse aus Jochberg, Herzogstand und dem Karwendelgebirge ist der Walchensee zugleich einer der idyllischsten und schönsten Bergseen in den Alpen. Also rauf aufs Brett! Bei Sonne, Wind – und Nebel! Denn manche finden Nebelsurfen unwiderstehlich ... Dann nimmt der Wind den Nebel aus dem herbstlichen Tal mit.
Motor- und Elektroschiffe sind verboten auf Deutschlands tiefstem, klarstem und hübschestem Bergsee. Schwimmer sieht man selten – das Wasser ist fast immer kalt! – und die Ruder- und Tretboote dümpeln meist in Ufernähe herum. Nicht nur deshalb ist der Walchensee unter den Süßwasser-Surfspots die Nummer Eins in Deutschland. Das gilt nicht unbedingt für die Windstärke, aber für Windsicherheit und die Kulisse.

WEITERE INFORMATIONEN

Bad Tölz ist über die A8 in einer Stunde und mit der Bahn in 90 Minuten von München erreichbar: www.toelzer-land.de, www.bad-toelz.de, www.lenggries.de mit Infos für Sylvensteinsee, www.walchensee-kochelsee.de, www.windinfo.com/de/windvorhersage/Walchensee.html

Wahrscheinlich Deutschlands bester Inland-Windsurf-Spot: Am Walchensee sieht man echte Könner.

kann! Die Menschen sind bäuerlich-konservativ, traditionell, auf jeden Fall katholisch. »Viele Leute strahlen Ruhe und Dankbarkeit aus, weil sie hier leben dürfen«, weiß Annemarie Gerg, die ehemalige Skirennläuferin und gebürtige Tölzerin.

23 Kurven für einen Traum

1972, das Jahr der Olympischen Sommerspiele in München, war ein Meilenstein für die Region. Die ersten Autos fuhren auf der gerade in Betrieb genommenen A95. Das Isartal zwischen München und Tölz war von nun an mit dem Isarwinkel verbunden und der Isarwinkel damit für ein breiteres Publikum erschlossen. Auf einmal kannte man Tölz nicht mehr nur vom Eishockey-Club und dem Knabenchor. Die Besucher entdeckten peu à peu zum Nacktbaden die Kiesbänke der Isar, zum Schwimmen den warmen Kochel- und zum Surfen den kalten Walchensee. Sie erklommen Brauneck und Blomberg. Es gab auf einmal neue Lieblingsplätze, wie den fjordartigen Sylvensteinstausee, der zwischen 1954 und 1959 an einer natürlichen Engstelle im Isartal gebaut wurde, um für den konstanten Wasserspiegel der Isar und den Hochwasserschutz zu sorgen. Mehr als hundert Milliarden Liter Trinkwasser benötigen alle Münchner pro Jahr. Sie trinken und verbrauchen also jährlich ungefähr einmal die Wassermenge des Stausees, der 124 Milliarden Liter umfasst, wenn er voll ist. Im Nebeneffekt gewinnen zwei Wasserkraftwerke Energie.

Das macht auch das Walchenseekraftwerk. Man sieht es an der Kesselbergstraße, die den Kochel- mit dem Walchensee verbindet. Das Wasser rauscht über 200 Höhenmeter durch sechs Rohre von See zu See und erzeugt jährlich 300 Millionen Kilowattstunden Strom. Damit können 50 000 Fünfpersonenhaushalte pro Jahr versorgt werden.

Die Kesselbergstraße ist aber auch eine himmlische Bergstraße: Die Morgensonne strahlt, der Himmel ist bayerisch blau, der CD-Wechsler spielt »Wish you were here«. Und da ist sie schon: groß gewachsen, schlank, mit schnittigen Kurven, vom Fuß bis zum Kopf ein Traum. Es geht 4,5 Kilometer rauf, 23 Kurven, im Schnitt alle 200 Meter eine, und das Ganze gleich wieder zurück nach unten: Es ist einer dieser Umwege, die Navigationssysteme nicht verstehen können: »Wenn möglich, bitte wenden!«, sagt die Navi-Else. »Ne, ne«, meint der Chauffeur. Eines der schönsten Fleckchen im Isarwinkel wird man doch wohl doppelt genießen dürfen. Denn alles wirkt wie beim kitschigen Entree: Der Walchensee glitzert im Sonnenlicht, ein paar Kähne dümpeln dahin und der Herzogstand reckt seinen Grat in die Höhe ... Wen interessiert in diesem Moment der landschaftlich-automobilen Verzückung ein Achternbusch? – Soll der doch denken, was er will: Mir san mir!

↖ Herrlicher Blick vom Herzogstand: Der Walchensee liegt auf 800 Metern Höhe und ist mit bis zu 80 Metern einer der tiefsten Seen Deutschlands.
↗ Namensgeberin der schönen Region: Bad Tölz an der Isar wurde bundesweit durch eine Krimiserie bekannt.
→ Formschön und so lecker: Ganze Käseblöcke lagern in einer Käserei auf der Stie-Alm am Brauneck.

19

EINE NACHT IM IGLU – ZUGSPITZE

EISKALT BERECHNET

Einmal in einem Iglu schlafen. Muss das romantisch sein! Im jeden Winter aufgebauten Iglu-Dorf auf der Zugspitze in 2600 Metern Höhe ist so eine Nacht möglich, Whirlpool und Fondue inklusive. Macht ja nichts, dass die Inuit schon seit den 1950er-Jahren nicht mehr im Iglu schlafen, sondern in Häusern …

Die Stille ist durchdringend, geradezu unheimlich. Ein paar Minuten nach dem Einchecken und den ersten kindlich-aufgeregten »schau mal hier!« – die Eisschnitzereien, von LED-Lampen in Szene gesetzt – oder »guck mal dort« – die Minibar ist in die Wand gehauen – hört man intuitiv auf zu reden. Dann hört man andächtig der Stille zu ... Ruhe. Vollkommene Ruhe ... Bis der Magen knurrt und es zum Dinner ins Restaurant-Iglu geht, wo man auf kuscheligen Fellen im Anorak sitzt und sich über ein Käsefondue hermacht. Und wenn's ins Bett geht, brennen zwei Kerzen und auf den Schneebetten, Thermomatratzen und Lammfellen liegen vorgewärmte Schlafsäcke. Frieren kann man woanders. Im Iglu sicher nicht.

Schneller als ein Inuit

Am nächsten Morgen stahlblauer Himmel auf 2600 Metern: Das Iglu-Dorf Zugspitze bietet einen atemberaubenden Blick auf die Alpen von vier Ländern. Und es gibt Fragen: Schnee aufhäufen, aushöhlen, festklopfen und fertig ist das Iglu? »Nein, so einfach ist die Sache nicht«, sagt Iglu-Bauer Benno. Mit seiner schwarzen Sonnenbrille sieht er aus wie ein Man in black im Schnee. Doch Benno jagt keine Außerirdischen, sondern baut Iglus – und zwar schneller als ein Inuit: »Ein Inuit mit drei Helfern braucht für ein Zwei-Mann-Iglu sechs Stunden. Ich mache das – ebenfalls mit drei Helfern – in 90 Minuten. Wir bauen ja ein ganzes Dorf und die Saison ist kurz ...«. Seit 2005 wird die Zauberwelt aus Schnee und Eis Winter für Winter neu gebaut.

Während ein Inuit mit Schneeblöcken arbeitet, ähnlich wie Ziegel auf Ziegel, bläst Benno, vereinfacht gesagt, einen Ballon auf, fräst ihn mit Schnee zu und lässt dann die Luft raus. Die Iglu-Wände sind 1,50 Meter dick. Sie sorgen für eine Innentemperatur von 0 bis +4 Grad. Im Vergleich zur Außentemperatur können bis zu 50 Grad Differenz bestehen.

Aus dem 34 Grad warmen Freiluft-Whirlpool steigt der Dampf hoch wie eine Fumarole und das Abkühlen der nackten Haut im frischen Schnee kribbelt, als seien tausend Ameisen unterwegs. Zwei Meter hoch türmt sich der Schnee um den Jacuzzi. Manchmal schneit es so viel, dass die Iglu-Konturen nicht mehr auszumachen sind. »Einmal fuhr eine Pistenraupe übers Iglu. Ist aber nichts passiert!«, erzählt Benno. Insgesamt liege das Restrisiko für eine Einsturzgefahr bei einem Prozent, etwa wenn es zu einem plötzlichen Wärmeeinbruch mit starkem Regen kommt. Doch dann wird das Iglu-Dorf sofort geschlossen.

← **Kuscheln in der Kälte: In einem Iglu wird es bis zu 4 Grad warm – auch wenn es draußen minus 50 hat. Und die Schlafsäcke werden vorgewärmt ...**
↓ **Vom Iglu auf die Piste: Nach dem Skifahren warten Sauna, Whirlpool und abends ein Fondue ...**

INFO

DER ERSTE SCHNEE!
Der Vorbote des Winters zeigt sich in Deutschland jedes Jahr zuerst auf der Zugspitze. Und dort wird das Kapitel Winter und Skifahren in der Regel am 2. Mai auch abgeschlossen. Kurz danach bekommen die empfindlichsten Stellen des Gletschers mittels Abdeckungen einen Sonnenschutz. So werden pro Saison bis zu 3 Meter Schneehöhe vor dem Schmelzen bewahrt. Denn das Sommerskilaufen auf dem Schnee- und Höllentalferner ist passé.
Zugspitze und Zugspitzplatt bieten in der Regel schon ab Anfang November gut bis sehr gut präparierte Pisten. 22 Kilometer Abfahrten stehen zur Auswahl. Griffiger Schnee erfreut schnelle Wedler ebenso wie brave Bogenzieher, denen vier leichte Abfahrten zur Verfügung stehen. Gefürchtet und heiß geliebt ist die schwarze Weltcup-Strecke mit 3300 Metern Länge: die Kandahar. Rund 250 000 Wintergäste nutzen das Skigebiet pro Saison.

WEITERE INFORMATIONEN
Mit der Zugspitzbahn von Garmisch-Partenkirchen aufs Zugspitzplatt: www.zugspitze.de, www.iglu-dorf.com, www.gapa.de

BAYERISCH SCHWABEN

Romantische Städtchen mit viel Geschichte

Die Kirche St. Alexander und Theodor der Benediktinerabtei Ottobeuren gehört zu den Höhepunkten Oberschwäbischer Barockbaukunst.

20

DIE WIEGE ALTBAYERNS – AICHACH

IM WITTELSBACHER LAND

Ein königliches Adelsgeschlecht, eine geschleifte Burg und eine spätere Kaiserin manifestieren Aichachs historische Bedeutung. Die vom Landkreis Aichach-Friedberg dominierte Landschaft im Grenzraum zwischen Altbayern und Schwaben nennt man heute auch das Wittelsbacher Land.

»Stadtluft macht frei nach Jahr und Tag.« Dieser populäre Rechtsgrundsatz des Mittelalters besagte, dass Leibeigene, die sich in die Stadt abgesetzt hatten, wo sie für ihre Herren zumeist unauffindbar waren, ohne Einspruch ihrer Herrschaft frei waren. Neue Stadtgründungen wie beispielsweise in Aichach zu fördern, war seinerzeit das Ziel der jungen Herzogsdynastie der Wittelsbacher, stärkte das doch obendrein ihre eigene wirtschaftliche, militärische und politische Macht. Für die Menschen bot das Leben in den neuen Städten viele Chancen, wie Sicherheit der Person, Schutz des Eigentums und Freiheit des Handels.

Das Wittelsbacher Land liegt heute etwas abseits auf der touristischen Landkarte Oberbayerns, verbindet man mit dem königlichen Adelsgeschlecht der Wittelsbacher, das Bayern immerhin 738 Jahre lang regierte, für gemeinhin doch eher so bekannte Königsschlösser wie Neuschwanstein, Linderhof, Nymphenburg oder die Münchner Residenz. Dabei stellt jedoch vielmehr die Region des Landkreises Aichach-Friedberg historisch die Wiege Bayerns dar, mit heute noch interessanten Sehenswürdigkeiten.

Sisis glückliche Kindertage

Das von den Wittelsbachern im Mittelalter gegründete Aichach war ursprünglich eine »Siedlung bei dem Eichenwald«, die sich rasch zur Stadt entwickelte. Vom Burgplatz im Ortsteil Oberwittelsbach nahm die Geschichte der Wittelsbacher ihren Lauf. Hier thronte einst die Stammburg des wichtigsten bayerischen Adelsgeschlechts, die jedoch 1209 geschleift wurde. An deren einstiger Stelle steht heute eine wunderbar ausgestattete Burgkirche. Im Stadtteil Unterwittelsbach verbrachte etwa 650 Jahre später Sisi noch unbeschwerte Kindertage, bevor sie als berühmte Kaiserin Elisabeth am Wiener Hof recht unglückliche Jahre zubrachte. Beim sogenannten Sisi-Schloss handelt es sich um ein Wasserschloss, das einst Sisis Vater, Herzog Max in Bayern, also auch einem Wittelsbacher gehörte und heute Museum ist.

Im Grenzraum zwischen Altbayern und Schwaben bestimmen das altbayerisch geprägte Aichach und das schwäbisch ausgerichtete Friedberg die reizvolle Landschaft, die nach einer Gebietsreform einen gemeinsamen Landkreis bilden sollten. Die traditionell sehr unterschiedlichen Ortschaften wurden in den 1990er-Jahren durch den Begriff des Wittelsbacher Landes zusammengeführt, um so auch Kleinode wie die Wallfahrtskirche Maria Birnbaum als Besonderheit gemeinsam besser in Szene setzen zu können.

← Hereinspaziert ins Wittelsbacher Land: Das Obere Tor führt direkt hinein ins altbayerisch geprägte Aichach.
↓ Im sogenannten Sisi-Schloss verbrachte die spätere Kaiserin von Österreich glückliche Kindertage.

INFO

DIE NACHTWÄCHTERTOUR

Von den Abendstunden bis zum Morgengrauen haben sie mehr als 600 Jahre für die Sicherheit Aichachs gesorgt. Ausgestattet mit Hellebarde, Signalhorn, langem Mantel und Laterne zogen die Nachtwächter durch die dunklen Gassen, um für Ruhe zu sorgen, Spitzbuben zu fangen oder bei Bränden Alarm zu schlagen. Zu jeder vollen Uhrzeit war ihr charakteristischer Stundenruf zu vernehmen: »Hört, ihr Leut, lasst euch sagen, unsre Glock hat acht geschlagen!« Dabei war es für die Aichacher weniger wichtig, nachts exakt zu erfahren, wie spät es wirklich ist, sondern sich durch die vernehmbare Anwesenheit des Nachtwächters in Sicherheit zu fühlen und ruhig schlafen zu können. Fünf Nachtwächter hat Aichach noch heute, die Besucher mit auf eine Zeitreise durch die bewegte Geschichte des Ortes und die ihrer Vorgänger nehmen. Schon möglich, dass sie dabei so manchem ab und an auch noch die Uhrzeit ansagen müssen.

WEITERE INFORMATIONEN

Wittelsbacher Land: www.aichach.de, www.friedberg.de, www.wittelsbacherland.de

21

WOHNSIEDLUNG FUGGEREI – AUGSBURG

88 CENT JAHRESMIETE

Die Gründer konnten es sich leisten: Vor 500 Jahren beherrschte die Augsburger Kaufmannsfamilie Fugger mehr oder weniger den Handel in Europa. Die Augsburger Fuggerei ist die erste und älteste noch bestehende Sozialsiedlung der Welt. Die Miete beträgt heute wie einst nur einen Gulden – plus Gebete für die Stifter …

Eine eigene Kirche, 67 Häuser mit 142 Wohnungen – so zeigt sich die Fuggerei bis ins 21. Jahrhundert. Jakob Fugger, der Reiche, war ihr Gründer und legte 1516 klar fest, wer in die Wohnsiedlung einziehen durfte: »Frauen, Arme, Taglöhner, Handwerker, Bürger und Einwohner dieser Stadt Augsburg, die es notturftig sein.« Die Jahresmiete beträgt bis zum heutigen Tag einen Rheinischen Gulden, also etwa 0,88 Euro. Auch die Aufnahmekriterien sind die gleichen wie zur Zeit der Gründung: Man muss mindestens zwei Jahre in Augsburg gelebt haben, katholisch und unverschuldet in Not geraten sein. Fester Bestandteil der Hausordnung ist noch immer das tägliche »Vater unser« und »Gegrüßet seist du Maria« für die Stifter. Kontrolliert werden die Gebete jedoch nicht, aber das Wohnrecht gilt auf Lebenszeit.

Stadt in der Stadt

Die Fuggerei wurde zwischen 1514 und 1523 erbaut. 1582 kam die Kirche St. Markus dazu. Weitere Erweiterungen gab es um 1880 und um 1938. Im Zweiten Weltkrieg wurde die Fuggerei stark zerstört, aber in ihrer alten Form wiederaufgebaut und vergrößert. Die Wohnungen sind 60 Quadratmeter groß und in gutem Zustand. Die im Erdgeschoss liegenden Wohnungen verfügen über einen Garten, die im Obergeschoss über einen Speicher. Wolfgang Amadeus Mozarts Urgroßvater, der Maurer Franz Mozart, wohnte von 1681 bis 1694 in der Fuggerei.

Stadt in der Stadt wird die erste und älteste Sozialsiedlung der Welt auch genannt. Anders ausgedrückt: Die gut 150 Fuggerei-Bewohner sind zwar ein Teil der 300 000-Einwohner-Stadt Augsburg, aber ihr Siedlungsbereich ist von einer Stadtmauer mit vier Toren umgeben, die jeden Abend um 22 Uhr von einem Nachtwächter geschlossen werden. Und jeder, der danach in die Fuggerei rein- oder aus ihr heraus möchte, muss den Nachtwächter passieren. Nur er kann das Tor öffnen. Bei späterer Heimkehr müssen 50 Cent oder ab Mitternacht ein Euro an den Wachhabenden bezahlt werden.

Die Fuggerei ist traditionell für Besucher geöffnet und die Wohnung Mittlere Gasse, Hausnummer 14, wird seit 2006 als Museum genutzt. Fuggerei-Bewohner führen in Film und Bild durch ihre Wohnungen, zeigen ihre Gärten und wie der Alltag in der Fuggerei heute funktioniert. Seitdem kostet der Besuch 6,50 Euro Eintritt – deutlich mehr als die ganze Jahreskaltmiete einer Wohnung. Damit wird Geld für nötige Renovierungen angespart.

INFO

DIE PUPPENKISTE

»Eine Insel mit zwei Bergen und dem tiefen weiten Meer. Mit viel Tunnels und Geleisen und dem Eisenbahnverkehr ...« Wer kennt ihn nicht, den Titelsong der »Augsburger Puppenkiste«, das Marionettentheater, das seit 1948 Klein und Groß so prächtig unterhält. Premierenstück war damals das Märchen »Der gestiefelte Kater«. Doch die meisten kennen die »Puppenkiste« durch Lummerland, Jim Knopf, Lukas, den Lokomotivführer, und das Urmel – jedoch meistens nur aus dem Fernsehen. Im ehemaligen Heilig-Geist-Spital in Augsburg findet man aber das wunderbare Original. Neben dem Theater, für das man rechtzeitig Karten bestellen sollte, gibt es auch ein Museum und den Shop, in dem man nicht nur Bücher, CDs und DVDs, sondern auch die Helden am Faden als hübsch gearbeitete Marionettenfiguren erwerben kann.

WEITERE INFORMATIONEN

Fuggerei und Puppenkiste liegen in der Stadtmitte von Augsburg und sind nur gut 1 Kilometer voneinander entfernt: www.fugger.de, www.augsburger-puppenkiste.de, www.augsburg.de

← Die älteste Siedlung für sozialen Wohnungsbau in der Welt, die noch existiert: Die Fuggerei wurde nach neun Jahren Bauzeit 1523 eröffnet.
↑ Bekannter als die Fußballer von Bundesligist FC Augsburg: die Helden der Augsburger Puppenkiste

22

SONNENREICHSTE STADT DER REPUBLIK – KAUFBEUREN

GANGHOFER UND ENZENSBERGER

Mit 2261 vom Deutschen Wetterdienst gemessenen Sonnenstunden ist Kaufbeuren die sonnenreichste Stadt Deutschlands. Das sind 29 Prozent über dem Normalwert. Doch in der 50000-Einwohner-Stadt im Ostallgäu lebten auch zwei durch und durch unterschiedliche Schriftsteller. Und als Wahrzeichen fungiert ein Fünfknopfturm.

Viel größer könnten die Unterschiede gar nicht sein. Einerseits der Heimatdichter, der so richtig reinpasst ins hübsche Alpenvorland des Allgäus. Passend auch zum konservativen Lebensstil der Gegend und dem Bürgerhaus mit seinem markanten Barockgiebel am Kirchplatz von Kaufbeuren, wo Ludwig Ganghofer 1855 als Sohn eines Forstbeamten geboren wurde. Andererseits der aufrüttelnde Journalist, Publizist und Schriftsteller der 68er-Studentenbewegung, der Rebell, Querulant und Georg-Büchner-Preisträger. Auch Hans Magnus Enzensberger wurde in Kaufbeuren geboren. 1929 war's und der Herr Papa arbeitete als Oberpostdirektor. Ganghofer beschrieb in seiner Autobiografie »Lebenslauf eines Optimisten« seine Kindheit im beschaulichen Kaufbeuren. Sein Geburtshaus am Kirchplatz und die Erinnerungsstätte im Stadtmuseum können besucht werden. Von Enzensberger ist dagegen kaum eine Spur zu finden. Er verschwand bald, wurde zum Freigeist und Weltenbürger. Kaufbeuren wäre ihm später wohl stets ein paar Nummern zu klein gewesen – trotz der angenehmen 2261 Sonnenstunden im Jahr …

Zu den Kaufhäusern

Kaufbeuren, das ist Allgäu und Tradition, mittelalterliche Türme und dicke Stadtmauern, das ist Landwirtschaft und Handel. Zu den Kaufhäusern wurde das Städtchen schon im 14. Jahrhundert genannt und der Name Kaufbeuren entwickelte sich im Lauf der Zeit daraus. Gehandelt wurde mit Vieh und Tuch, Papier und Waffen. Die Stadt war so wohlhabend, dass man bereits um 1200 eine Stadtmauer bauen konnte, die vor allem im 14. Jahrhundert mehreren schweren Belagerungen standhielt. Nur die Pest konnte sie nicht aufhalten, und drei Viertel der Bewohner erlagen der Krankheit.

Der bekannteste der mittelalterlichen Türme ist der weithin sichtbare Fünfknopfturm. Das Wahrzeichen der Stadt wurde um 1420 erbaut und bekam seinen merkwürdigen Namen von den fünf Turmknöpfen, welche die Hauptspitze und die vier Wachttürme krönen. Der Turm ist 33 Meter hoch und aus Ziegelsteinen erbaut. Zur Türmerstube im fünften Stock führen 87 Stufen. Bis 2014 war sie noch bewohnt. Ein weiterer bekannter Turm ist der Hexenturm; den höchsten Turm der Stadt hat aber die St.-Martins-Kirche mit 75 Metern. Gleich daneben steht Ganghofers Geburtshaus. Von dort lohnt ein kurzer Weg zum Tänzelfestbrunnen, der an das jährliche Tänzelfest im Juli erinnert. Das älteste Kinderfest Bayerns dauert zwölf Tage, bei dem tausend Kinder die Geschichte ihrer Stadt nachspielen.

← Fünf Knöpfe auf den Turmspitzen: Der Fünfknopfturm ist das Wahrzeichen der Stadt Kaufbeuren. Er ist 33 Meter hoch und wurde 1420 errichtet.
↓ Vieh und Tuch, Papier und Waffen: Kaufbeuren war so wohlhabend, dass man bereits um 1200 eine Stadtmauer baute.

INFO

SCHMUCKE SACHE

Neugablonz ist der größte Stadtteil von Kaufbeuren und das größte Modeschmuckzentrum in Deutschland. Die Geschichte, wie es dazu kam, führt nach Gablonz in Nordböhmen, wo die bekannte Gablonzer Glas- und Schmuckindustrie beheimatet war, deren Ursprung im 16. Jahrhundert liegt. Neugablonz wurde 1946 von 18 000 vertriebenen Sudetendeutschen aus dem Kreis Gablonz gegründet. Unter großen Entbehrungen bauten sie ihre Industrie wieder auf, schufen Wohnungen, Werkstätten und bis heute 130 Betriebe, in denen 1100 Menschen immer neue Entwürfe entwickeln, umsetzen und weltweit verkaufen. Traditionen, Lebensart, Kultur, Mundart blieben in Neugablonz weitgehend erhalten und im Isergebirgsmuseum wurde das einmalige Stück Nachkriegsgeschichte aufgearbeitet.

WEITERE INFORMATIONEN

Kaufbeuren liegt im Ostallgäu nahe der Autobahn A96 und hat einen Regionalbahnhof: www.kaufbeuren-tourismus.de. www.taenzelfest.de, www.isergebirgs-museum.de
Zu den Schriftstellern: www.stadtmuseum-kaufbeuren.de

23

FILMREIFES RITTERAMBIENTE – MINDELHEIM

IHR KINDERLEIN KOMMET

Kaiser Franz Joseph I. verschenkte die ganze Stadt Mindelheim 1706 an den Herzog von Marlborough. Was sich für die Bürger wie eine Katastrophe anfühlen musste, erwies sich als Glücksfall: Denn es ging aufwärts mit Mindelheim, der goldenen Mitte des Unterallgäu. Und vergessen waren die vorherigen Besitzer …

Einfach Städtla, im unterallgäuer Dialekt, oder staatstragend Frundsbergstadt wird Mindelheim genannt, denn Ritter Frundsberg kaufte die von Welfen-Rittern erbaute Mindelburg 1473 für 60 000 Gulden. Es war der erste große Deal. Und viele weitere sollten folgen. Zu Ehren des Ritters findet alle drei Jahre für zehn Tage das Frundsbergfest statt, zu dem bis zu 100 000 Besucher strömen, um die historischen Ritterspiele zu sehen.

Zu den weiteren Besitzern gehörten die Fugger aus Augsburg, Herzog Maximilian II. von Bayern und Kaiser Franz Joseph I. sowie der Duke von Marlborough. Wobei die Stadt unter dem Duke eine fruchtbare Zeit erlebte: Mindelheim mauserte sich zu einem Handelszentrum im Allgäu, Textilfabriken, eine Papiermühle und Druckerei entstanden, später auch die Stadtpfarrkirche.

Romantische Winkel

Auf nicht weniger als ein Dutzend Kirchen trifft man in der Stadt, darunter auch auf die Silvesterkirche, die mit ihrem Kappelturm mit 48 Metern Höhe das Stadtbild dominiert und in der im Turm das Schwäbische Turmuhrenmuseum eingerichtet ist: 50 Turmuhren von 1562 bis 1978 sind zu bestaunen. Erstaunlicherweise gehört Mindelheim mit sechs Museen zu den museumsreichsten Städten Deutschlands, umgerechnet auf die Einwohnerzahl.

Von der Katharinenkapelle auf dem Sattel des Katharinenbergs hat man einen der schönsten Blicke auf Mindelheim. Erbaut wurde sie 1607 durch die Fugger. Und in der Maria-Schnee-Kapelle schrieb Christoph von Schmid 1808 den Text zum Weihnachtslied »Ihr Kinderlein kommet«.

Ein Spaziergang durch Mindelheim führt aber nicht nur zu Kirchen und Kapellen, sondern entlang farbenfroher Fassaden einstiger Bürgerhäuser auch zu Toren und Türmen der dicken Stadtmauer mit ihren romantischen Winkeln. Wer im Mittelalter zu später Stunde die Stadt betrat, musste am Einlasstor an den Torwächter eine Geldbuße bezahlen. Atmosphäre und Ambiente sind wie für einen Ritterfilm gemacht. Was natürlich auch für die weitläufige Anlage der Mindelburg hoch über der Stadt gilt. Wehrhafte Rundbastionen, der Burgfried, Tore, Gräben und der tiefe Brunnen geben ihr den Charakter einer idealen mittelalterlichen Burg. Ob allerdings die Legende stimmt, dass der Arzt und Alchimist Paracelsus 1535 dort den Stein der Weisen vergraben haben soll, ist ungewiss ...

INFO

WELLNESS DE LUXE

»Wer nicht jeden Tag etwas für seine Gesundheit aufbringt, muss eines Tages sehr viel Zeit für die Krankheit opfern", sagte einst Sebastian Kneipp, der rund 40 Jahre in Bad Wörishofen als Pfarrer wirkte, sich aber auch der ganzheitlichen Medizin widmete. Deshalb wurde aus einem Kuhdorf ein Kurort: Bad Wörishofen, 10 Kilometer von Mindelheim entfernt, ist heute gespickt mit Wellness-Angeboten, sei es in der öffentlichen Therme oder in zahlreichen Hotels, die selbstredend Kneipps Wasserkur anbieten. Das Fünf-Sterne-Hotel Steigenberger Sonnenhof ragt sicherlich heraus: Auf 3000 Quadratmetern bleiben mit Wasserlandschaft, ganzjährig beheiztem Infinity-Außenpool, Saunen, Sole- und Dampfbädern keine Wellness-Wünsche unerfüllt.

WEITERE INFORMATIONEN

Mindelheim hat einen eigenen Autobahnanschluss an der A96 und liegt an der Bahnlinie München–Zürich: www.mindelheim.de (mit Infos zu den Museen), www.frundsbergfest.de, www.bad-woerishofen.de, www.therme-badwoerishofen.de, www.steigenberger.com

← Eine Stadt, die viele Besitzer hatte: das schöne Mindelheim im Allgäu mit seinen farbenfrohen Bürgerhausfassaden. Einmal wurde die Stadt sogar verschenkt.
↑ Tut gut und soll gesund machen ...: kneippen nach Pfarrer Sebastian Kneipp

24

MEHR ALS DAS BAYERISCHE ULM – NEU-ULM

RECHTS DER DONAU

Die Napoleonischen Kriege waren der Grund. Auf einmal gab es eine neue Grenze: mitten durch die Donau. Ulm wurde 1810 württembergisch, die Siedlungen rechts der Donau verblieben bei Bayern. Und aus Ulm am rechten Donauufer wurde Neu-Ulm, das 1869 die Stadtrechte bekam. Eine etwas andere Stadtgeschichte ...

Ja, wie sieht der denn aus?«, fragt ein kleines Mädchen seine Mama im Angesicht des tatsächlich etwas merkwürdig wirkenden 47 Meter hohen Neu-Ulmer Wasserturms im Kollmannspark. Ein achteckiges Häuschen im neobarocken Stil verkleidet den Wasserbehälter so elegant, dass man gar nicht glauben mag, dass er die Stadt bis 1964 mit Wasser versorgte. »Und aus dem kam wirklich das Wasser?«, fragt das Mädchen weiter. Und ob! Bei der Inbetriebnahme im Jahr 1900 symbolisierte der Wasserturm den Fortschritt, dem sich der damalige Bürgermeister Josef Kollmann verpflichtete. Heute ist der Wasserturm das Wahrzeichen von Neu-Ulm.

»Neu-Ulm ist eine junge Stadt«, sagt der derzeitige Oberbürgermeister Gerold Noerenberg und weist darauf hin, dass sie trotzdem Geschichte habe: Die Ursprünge der Donaustadt gehen auf 1810 zurück. Die Neuordnung Deutschlands bewirkte, dass Bayern und Württemberg ihre neue Grenze auf die Mitte der Donau vor Ulm legten. So entstand Neu-Ulm, das heute 60 000 Einwohner hat. Das schwäbische Ulm zählt etwas mehr als doppelt so viele.

Herr Zopf's Friseurmuseum

An 94 Standorten im Stadtgebiet wird auf Tafeln die Entwicklung von Neu-Ulm erzählt: Es geht um bedeutende Bürger, wichtige Bauwerke und historische Wegmarken. Am Maxplatz erfährt man zum Beispiel Interessantes über Kunst im öffentlichen Raum. Der flämische Künstler Jozef Legrand hat den Platz zur Landesgartenschau 2008 gestaltet. Die orangefarbenen Bänke auf rotem Asphalt mit Lampen aus Metall im Design einer Wohnzimmerstehlampe laden im öffentlichen Kunstraum zum Verweilen ein.

Verweilen – das gilt auch für die Schopperplätze an der Donau. Der Fluss ist das Neu-Ulmer Lebenselixier, denn ohne die Donau würde es die Stadt ja gar nicht geben. Die Schopperplätze waren einst Bootsbauplätze für die sogenannten Ulmer Schachteln. Heute flanieren dort die Menschen und freuen sich auf das jährliche Neu-Ulmer Volksfest.

Eine Kuriosität ist schließlich noch Herr Zopf's Friseurmuseum. Das größte Friseurmuseum der Welt bietet 20000 spannende Blicke auf die Geschichte des Handwerks. Als Exponate sind etwa zu sehen: ein hundert Jahre alter Haartrockner, eine der ersten Dauerwellenmaschinen der Welt und der denkmalgeschützte Dresdner »Salon Harand«, in dem Heinz Rühmann und Theo Lingen verkehrten.

← Die Donau als Grenze zweier Städte: Ulm in Baden-Württemberg und Neu-Ulm in Bayern sind erst seit 1810 Schwesterstädte.
↓ Blick von Neu-Ulm auf das Ulmer Münster jenseits der Donau.

INFO

BESUCH BEI EINSTEIN
»Zeit ist das, was man an der Uhr abliest«, sagte Albert Einstein, obgleich er wusste: »Wenn man zwei Stunden mit einem netten Mädchen zusammensitzt, meint man, es wäre eine Minute. Sitzt man jedoch eine Minute auf einem heißen Ofen, meint man, es wären zwei Stunden.« In Ulm, der Stadt, in der Einstein geboren wurde, hatte man jedenfalls viel Zeit: Der Bau des Ulmer Münsters wurde 1377 begonnen, aber erst 1890 vollendet. Das sind mehr als 500 Jahre! Was zur Folge hatte, dass aus dem ursprünglich als katholisches Gotteshaus errichteten Münster nach Einführung der Reformation 1529 die bis heute größte protestantische Kirche der Welt wurde. Das Münster hat mit 161,53 Metern den höchsten Kirchturm der Welt, der über 768 Stufen bis zu einer Höhe von 141 Metern bestiegen werden kann. Das Kirchengebäude ist 123 Meter lang und 8260 Quadratmeter groß.

WEITERE INFORMATIONEN
Neu-Ulm liegt an der A8 und hat einen ICE-Bahnhof: www.nu.neu-ulm.de
www.deutsche-friseur-akademie.de/friseurmuseum, www.ulm.de

25

KOMPLETTE STADTMAUER – NÖRDLINGEN

SO, G'SELL, SO

Der Blick von oben lässt keinen Zweifel zu: Nördlingen ist eine runde Angelegenheit. Die Stadtmauer schließt die Altstadt komplett und kreisförmig ein, was wohl einzigartig auf der Welt sein dürfte. Und in der Mitte ruft der Türmer vom 90 Meter hohen Kirchturm Daniel bis heute seinen Wächterruf »So, G'sell, so« …

So G'sell so«, erklärt die Fremdenführerin ihrer Besuchergruppe, geht auf die Geschichte von der Nördlinger Sau zurück: Man sagt, 1440 wollte eine Frau am Abend für ihren Mann eine Kanne Bier besorgen. Am Löpsinger Tor beobachtete sie, wie eine entlaufene Sau ihr Hinterteil an einem Torflügel rieb. Dabei entdeckte sie, dass das Tor nicht fest verschlossen war. Ob ihr empörter Ruf »So, G´sell, so!« – ungefähr so viel wie »du böser Geselle« – der Sau oder dem treulosen Wächter galt, ist nicht bekannt. Die Wächter dieser Nacht gestanden aber, vom Oettinger Grafen bestochen worden zu sein, in der Nacht das Tor nur angelehnt zu lassen, damit der Graf die Stadt hätte erobern können. »So rettete eine Sau Nördlingen«, sagt die Führerin und hat die Lacher auf ihrer Seite. Keiner weiß sicher, ob es so gewesen ist. Verbrieft ist aber, dass 1440 zwei Torwächter wegen Verrats hingerichtet wurden. Seit 2011 weist ein Steinschwein am Löpsinger Tor auf die Geschichte hin.

Fünf herrliche Stadttore

2,7 Kilometer lang ist der Rundweg auf der kompletten, rundum begehbaren Stadtmauer, die einzige dieser Art in Deutschland. Zur Finanzierung trieb die Stadt über eine Getränkesteuer Gelder ein und um 1400 war der Mauerring geschlossen. Heute ist er jederzeit über die Aufgänge an den fünf Stadttoren frei zugänglich.

Nördlingens Tore sind wahre Schmuckstücke: Das Reimlinger Tor ist das älteste der fünf Stadttore. Auf den mächtigen quadratischen Unterbau aus dem 14. Jahrhundert folgt der Viereckturm. Von dort wurde die Handelsstraße nach Augsburg gesichert. Der Obere Wasserturm gewährte den Durchlass des Egerkanals zur Stadt. Der Turm erhebt sich auf quadratischem Grundriss als sechsgeschossiger Bau mit abgewalmtem Satteldach, während der Spitzturm an eine überdimensionale Bleistiftspitze und das Baldinger Tor an eine Bastei erinnert. Im Löpsinger Tor – mit Straßenzugang Richtung Nürnberg – kann man sich heute auf sechs Ebenen im Stadtmauermuseum über weitere Details informieren.

Doch auch ein Spaziergang innerhalb der Stadtmauer ist lohnenswert. Man trifft auf das schmucke Rathaus, die spätgotische Hallenkirche St. Georg mit dem markanten, 90 Meter hohen Turm Daniel, Fachwerk, wie die Gerberhäuser, die zu den ältesten Deutschlands gehören, die Alte Schranne, das Brot- und Tanzhaus, verschiedene Marktplätze und das Leihhaus, in dem heute die Tourist-Information untergebracht ist.

INFO

DER RIESIGE KRATER
14,5 Millionen Jahre sind in der Erdgeschichte nicht mehr wie ein Wimpernschlag. Ungefähr zu dieser Zeit raste ein 1 Kilometer großer Asteroid, begleitet von einem mächtigen 150 Meter großen Trabanten, auf die Erde zu. Mit einer Geschwindigkeit von rund 70 000 Kilometern pro Stunde krachten sie ins heutige Nördlinger Ries auf die Erdoberfläche und bildeten zwei Krater mit Durchmessern von 25 beziehungsweise 4 Kilometern. Der Aufschlag erzeugte Temperaturen von geschätzt 20 000 Grad! Die Stadt Nördlingen liegt genau im Krater und das gesamte Ries um 150 Meter tiefer als die Umgebung. Wie Nördlingens Altstadt ist auch das Ries nahezu kreisrund – mit einem Durchmesser von gut 20 Kilometern. Vom Boden aus erscheint der Kraterrand allerdings nur wie eine bewaldete Hügelkette ringsum am Horizont. Der Krater des Trabanten heißt Steinheimer Becken.

WEITERE INFORMATIONEN
Nördlingen liegt rund 75 Straßenkilometer nördlich von Augsburg oder 90 Minuten mit der Regionalbahn: www.noerdlingen.de, www.geopark-ries.de

← Fachwerk und wehrhafte Mauern: Nördlingen ist das Paradebeispiel einer mittelalterlichen Stadt. Um 1400 wurde die Stadtmauer errichtet.
↑ Rund wie mit dem Zirkel gezeichnet: auf 2,7 Kilometern umschließt die Stadtmauer das charmante Nördlingen.

26

MÄCHTIGE BAROCKANLAGE – OTTOBEUREN

SCHWÄBISCHES ESCORIAL

Gut, das spanische El Escorial ist größer und besitzt Weltkulturerbestatus, doch Ottobeuren ist deutlich älter und bringt es auf gut 1250 Jahre Klostergeschichte. In der schwäbischen Benediktinerabtei kann man den riesigen Komplex bewundern, bei Führungen lauschen und staunen oder als Pilger darin wohnen.

Von der Ferne sieht man keine Häuser. Als ob Kloster und Kirche stark und mächtig, aber ganz isoliert in einer herrlichen Wald- und Wiesenlandschaft stehen würden. Erst beim Heranfahren sieht man, dass eine der größten Barockanlagen Deutschlands von einem Ort umgeben ist: Ottobeuren mit gerade mal 8000 Einwohnern.

Vor gut 1250 Jahren, in der Zeit des Heiligen Römischen Reiches und der Kreuzzüge, wurde das heute so beeindruckende Ensemble gegründet: durch eine Schenkung eines Gutshofes von Landgraf Silach an Mönche, die wahrscheinlich von der Insel Reichenau am Bodensee kamen.

Die Benediktinerabtei Ottobeuren besteht aus barocker Basilika, historischer Bibliothek, Kaisersaal und Repräsentationsräumen, in denen der einzigartige kulturelle Reichtum am besten sichtbar wird. Von oben erkennt man, dass das Schwäbische Escorial ein Kreuz bildet. Im Zentrum: Die prachtvolle Basilika St. Alexander und Theodor mit zwei weithin sichtbaren, 82 Meter hohen Zwiebeltürmen und einem romanischen Kruzifix aus dem Jahr 1220. Gut 700 Jahre später erhob Papst Pius XI. die Klosterkirche zur Päpstlichen Basilika.

Sebastian Kneipps Taufe

Ottobeuren besuchen heißt 1250 Jahre Klostergeschichte erleben. Bis heute gilt für die 15 Mönche: *ora et labora*, bete und arbeite. Das gilt jeden Tag ab 5.30 Uhr morgens. Sogar nach dem 1. Dezember 1802, dem Tag der Säkularisierung des Klosters durch den bayerischen Kurfürsten Max Joseph, verblieb ein Teil der Mönche im Kloster.

»Wir Mönche von Ottobeuren freuen uns über das Interesse an unserem Kloster«, sagt Abt Johannes Schaber und erklärt: »Wir sind eine benediktinische Gemeinschaft, die hier in Ottobeuren in ununterbrochener Tradition schon seit dem Jahr 764 angesiedelt ist und wir leben nach der Regel unseres Ordensvaters des Heiligen Benedikt von Nursia, der um 550 wirkte.« Der Abt weist aber auch auf seinen prominentesten Pfarrer hin: »Besonders gedenken wir Pfarrer Sebastian Kneipp, der in unserer Basilika 1821 getauft, 1830 gefirmt und 1852 als Neupriester seine erste heilige Messe gefeiert hat.« Und er gibt den Hinweis, dass »wir in unserer Abtei gern Gäste für einige Tage bei uns aufnehmen, ob sie sich in die Stille begeben oder neue Kraft schöpfen wollen, die als Pilger unterwegs sind und ein Quartier suchen oder rein zufällig hergefunden haben.« Kost und Logis müssen aber bezahlt werden, preislich ungefähr auf einfachem Gasthofniveau.

← Welch eine Pracht: Die Alte Bibliothek der Benediktinerabtei in Ottobeuren gehört zu den beeindruckendsten ihrer Art in Deutschland.
↓ Der Blick in den Himmel: vom Observatorium in Ottobeuren hinaus in die weite Welt

INFO

DER BLICK IN DEN HIMMEL

Wo der Klerus so dominant das Ortsbild beherrscht wie in Ottobeuren, ist es schwer, auf andere Attraktionen aufmerksam zu werden. Es sei denn, man bietet den Blick direkt in den Himmel an: Wie die Volkssternwarte, etwas außerhalb von Ottobeuren, die jeden Freitagabend um 19.30 Uhr ihre Pforten öffnet. Mit einem 60-Zentimeter-Spiegelteleskop und diversen Ferngläsern richtet sich der Blick zu Sonne, Mond und Sternen, bei idealen Bedingungen zur Himmelsbeobachtung auf 746 Metern Meereshöhe: ohne Streulicht, mit freier Sicht in alle vier Himmelsrichtungen. Vorträge über das Sonnensystem, zu Kometen und Planeten bringen die Besucher zudem auf den aktuellen Stand wissenschaftlicher Erkenntnisse. Per Videoübertragung können sogar Himmelsereignisse auf eine Leinwand im großen Vortragsraum projiziert werden.

WEITERE INFORMATIONEN

Ottobeuren liegt nur 10 Kilometer vom Allgäu-Airport Memmingen entfernt und nahe der A96: www.ottobeuren.de, www.abtei-ottobeuren.de
Für die Sternwarte: www.avso.de

Über Landshut, auf dem Hofberg, thront die Burg Trausnitz. Ihre Blütezeit erlebte sie im 15. und 16. Jahrhundert.

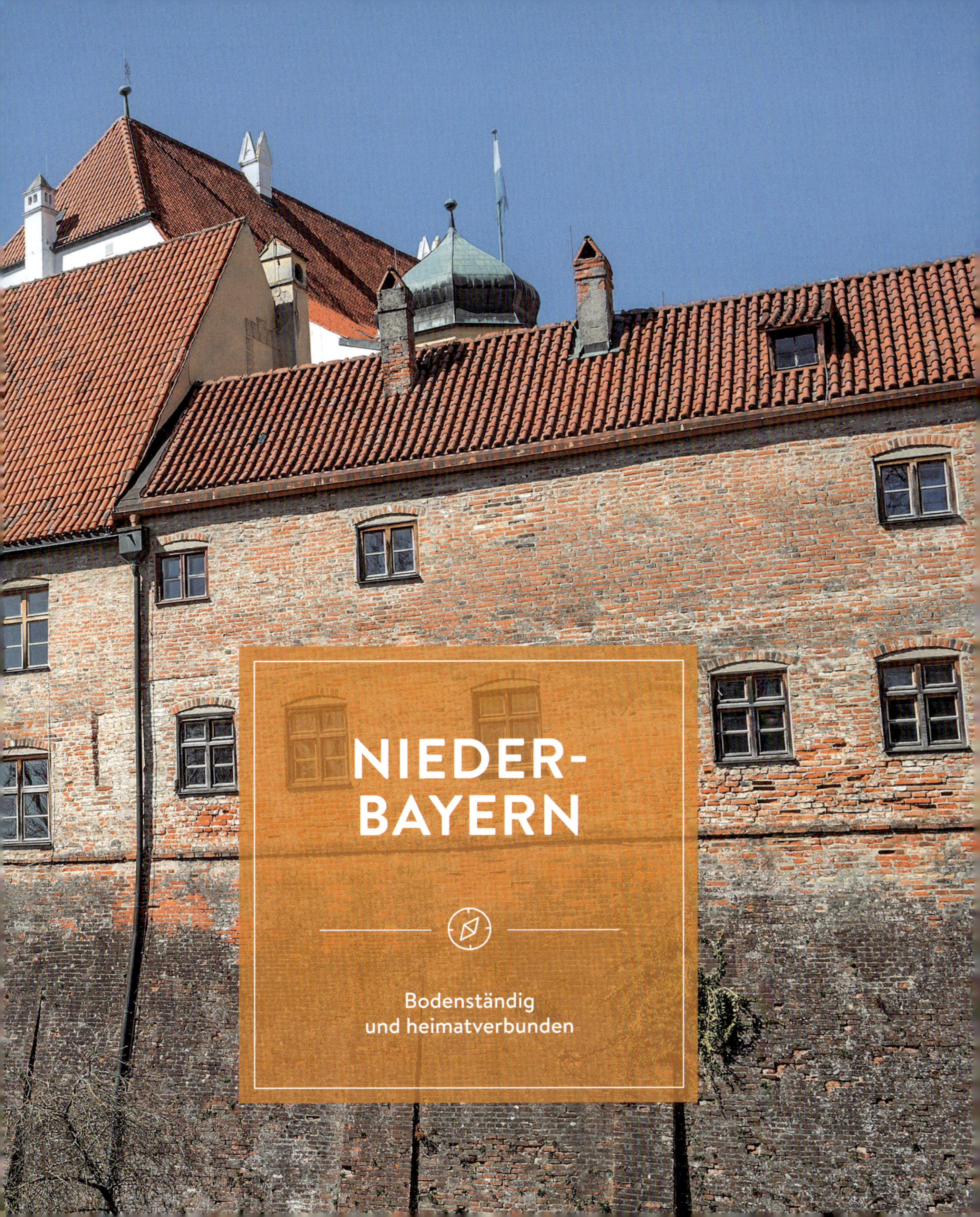

NIEDER-BAYERN

Bodenständig
und heimatverbunden

27

DIE KNÖDELSTADT – DEGGENDORF

EINE RUNDE SACHE

Als Knödelstadt gehört Deggendorf zu den 100 besonders ausgezeichneten Genussorten Bayerns. Doch in der Donaustadt diente der Knödel nicht nur dem Genuss. Einer Sage nach rettete im Mittelalter eine Knödelwerferin die Stadt sogar vor dem Feind. Von herzhaft bis süß kann man hier heute viele Varianten genießen.

Sie ist ein gestandenes Weibsbild, keine Frage. Mit beherztem Griff nimmt die stämmige Bürgerin im mittelalterlichen Gewand einen Knödel aus ihrer Schüssel und holt damit zum Wurf aus – ganz so, als hielte sie eine Kanonenkugel in der Hand. Knödelwerferin heißt diese Bronzeskulptur auf dem Altstadtbrunnen in der Deggendorfer Schlachthausgasse. Den Beinamen Knödelstadt hat Deggendorf seit dem 19. Jahrhundert ausgerechnet einem durchreisenden Fremden zu verdanken, den die am Rathaus ausgestellten Prangerkugeln an Knödel erinnerten. Als Kompliment war das mitnichten gemeint, und das Getratsche von der angeblichen Knödelstadt hielt sich so hartnäckig, dass die Deggendorfer irgendwann die Nase voll hatten, dagegen aufzubegehren. Ganz im Gegenteil. Wenn man schon mal als Knödelstadt bekannt war, musste nur noch eine passende Sage erfunden werden, um dem Ganzen einen halbwegs glaubhaften, historischen Anstrich zu verpassen.

Die Knödel-Saga

Die nicht verbriefte Geschichte wurde alsbald wie folgt überliefert: Als Ottokar von Böhmen 1266 mit seinem Heer Deggendorf belagerte, bezog die städtische Bürgerwehr Stellung auf der Stadtmauer. Damit Ottokars Krieger keinen Überraschungsangriff durchführen konnten, übernahmen Deggendorfer Bürgerfrauen die Essensversorgung ihrer Wache schiebenden Männer, weshalb Ottokar bald beschloss, die Deggendorfer auszuhungern. Mit der Zeit wurde die Versorgungslage immer angespannter und die Aufmerksamkeit der Wachen ließ nach. Diese Chance wollte ein feindlicher Späher nutzen und lugte über die Stadtmauer, um die Verpflegungssituation auszukundschaften. Nur hatte er nicht mit einer wütenden Deggendorferin gerechnet, die aus Essensresten Knödel geformt hatte, um sie gerade den Männern auf der Stadtmauer zu bringen. Die mutige Frau warf dem Eindringling einen großen Knödel mitten ins Gesicht, sodass dieser vor Schreck den Halt verlor und von der Mauer fiel. Daraufhin soll er in Ottokars Lager berichtet haben, dass die Deggendorfer noch immer so viel zu essen hätten, dass sie damit um sich werfen könnten. Die böhmischen Truppen zogen deshalb wieder ab, und die Knödelwerferin hatte mit ihrem beherzten Einsatz die Stadt gerettet.

Die Sage von der Knödelstadt war geboren, der Knödelwerferin ein Standbild verliehen, nun mussten nur noch ein paar schmackhafte Knödel her. »Das Originalrezept aus dem Mittelalter war steinhart und für die Gastronomie nicht geeignet«, sagt der Wirt Helmut Kurz, der am Marktplatz in seinem Gasthaus zur Knödelwerferin die beliebte Spezialität gleich in verschiedenen Variationen auftischt.

← Die Knödelwerferin holt beherzt zum Wurf aus und rettet so Deggendorf 1266 vor Belagerung.

Ein besonderes Schmankerl ist dabei der herzhafte Deggendorfer Knödel. Die Semmelknödeln ähnliche Variante ist quasi das Überraschungsei unter den niederbayerischen Knödeln, denn in seinem Inneren verbirgt sich ein andersfarbiger Knödelkern (Originalrezept siehe Infokasten). »Bei einem guten Knödel braucht's kein Messer. Der Knödel ist perfekt, wenn er so fluffig ist, dass man ihn ganz leicht mit der Gabel zerdrücken kann«, da ist sich der Wirt ganz sicher. Denn nur so eignet sich die Konsistenz auch prima zum Eintunken und Aufnehmen der Soße. Für Schleckermäuler darf allerdings auch die süße Knödel-Variante nicht zu kurz kommen, weshalb im »Café Wiedemann« auch Knödel aus Biskuitteig, Früchten und Likör, gefüllt mit französischer Crème und mit Puderzucker bestäubt oder in Kokosflocken gewälzt, angeboten werden.

Tor zum Bayerischen Wald

Den Mittelpunkt der Innenstadt bildet das Alte Rathaus mit seinem imposanten Turm und zwei miteinander verbundene großzügige Stadtplätze, von denen viele Gassen abgehen, die früher alle an der schützenden Stadtmauer endeten. Wer sich hier durch die Sträßchen treiben lässt, stößt noch auf so manch andere Kuriosität. Aus Deggendorf stammt unter anderem auch die größte Osterkerze der Welt. Mit 105 Kilogramm war sie 2006 ein Geschenk für den Papst, angefertigt von Kerzen Wiedemann, einem der ältesten Wachswarenhersteller Europas. Die Deggendorfer Firma produziert pro Jahr 2000 Tonnen Kerzen und das schon in sechster Generation. Auch der Bärwurzschnaps wurde einst in Deggendorf von Karl Eckert erfunden, der hier 1919 die erste Bärwurzdestille der Welt betrieb.

Als »Tor zum Bayerischen Wald« wird Deggendorf mit seinen 37 000 Einwohnern auch wegen seiner besonderen Lage im Donautal am Fuß der Berge des bayerischen Waldes und der einzigartigen Naturlandschaft der Isar-Mündung in die Donau bezeichnet. Die Donau war stets die Lebensader des historischen Deggendorf. Bis in die 1970er-Jahre gab es sogar zwei Werften und eine Reederei am Donauhafen, der heute nur mehr als Frachthafen mit angeschlossenem Güterverkehrszentrum betrieben wird. Aber dennoch ist hier viel Leben am Donau-Ufer. Eine Anlegestelle für Flusskreuzfahrtschiffe wird regelmäßig von Ausflüglern auf Donaurundfahrt genutzt und am Donaustrand mit seiner Strandbar, den Sonnenschirmen und Liegestühlen kommt regelrecht Beach-Feeling auf. Die Flussufer sind bisweilen von Sandbuchten und Inseln gesäumt und man findet manchmal sogar noch Flussmuscheln. Beim alle zwei Jahre stattfindenden Donaufest gibt es neben Live-Konzerten auch immer allerlei kulinarische Besonderheiten. Ein paar Deggendorfer Knödel sind sicher auch immer dabei.

↗ Bei Deggenau, wo die Autobahnbrücke über die Donau führt, mündet ganz in der Nähe auch die Isar in die Donau.
↖ Einzigartige Naturlandschaft: Die Donau war schon immer die Lebensader von Deggendorf.
← Mittelpunkt der Innenstadt: der imposante Turm des Alten Rathauses mit Marktständen

INFO

DER ÜBERRASCHUNGS-KNÖDEL

Markenzeichen der deftigen Variante des Deggendorfer Knödels ist seine Zweifarbigkeit. Weißer Teig: Zwiebelwürfel in Butter anschwitzen, Gewürze dazu, mit Milch aufkochen und alles über die geschnittenen Semmeln gießen, Ei dazugeben, Teig locker mischen. Mit Eisportionierer kleine Kugeln formen und 10 Min. im Gefrierfach frosten. Dunkler Teig: Zwiebelwürfel anschwitzen, Gewürze dazu, mit Milch aufkochen und alles über das geschnittene Brot gießen, Eier dazugeben und Teig kneten. Die weißen gefrorenen Knödel mit der dunklen Brotknödelmasse einschlagen und in siedendem Salzwasser 25 Min. ziehen lassen.

Weißer Teig: 2 geschälte und klein geschnittene Semmeln, 50 g Zwiebelwürfel, 20 g Butter, Prise Salz, Prise Muskat, Prise Ochsenbouillon, 5 g gehackte Petersilie, 1 Ei, 130 ml Milch.
Dunkler Teig: 1 kg geschnittenes Graubrot, 150 g Zwiebelwürfel, 50 g Butter, 1 l Milch, 5 Eier, 10 g Salz, 20 g gehackte Petersilie, Prise Muskat, Prise weißer Pfeffer

WEITERE INFORMATIONEN

Tourist Information: www.deggendorf.travel
Gasthaus zur Knödelwerferin: www.knoedelwerferin-deggendorf.de
Café Wiedemann: www.kaffeehaus-wiedemann.de

Der Deggendorfer Knödel ist wie ein Überraschungsei: Innen verbirgt sich ein heller Kern.

28

ILZTAL – DREIBURGENLAND

DREI AUF EINEN STREICH

Die mittelalterlichen Burgen Fürstenstein, Englburg und Saldenburg sind die Namensgeber des niederbayerischen Dreiburgenlandes. Wie riesige gemauerte Wegweiser bieten die drei Gipfelburgen Wanderern und Radfahrern nicht nur Orientierung, sondern auch so manch spektakulären Anblick.

Den Spitznamen Waldlaterne verdankt die Saldenburg in der gleichnamigen Gemeinde vor allem ihrem Aussehen. Mit Keller- und Erdgeschoss sowie vier weiteren Obergeschossen kommt der Wohnturm aus Bruchstein einem Bollwerk gleich, sollte die Anlage doch zur Überwachung der sogenannten »Gulden Straß« dienen und den Salzhandel zwischen Bayern und Böhmen sichern. Die 1368 im Auftrag der Grafen von Hals erbaute Saldenburg gehörte verschiedenen Rittern und hochrangigen Adeligen, bis das Deutsche Jugendherbergswerk 1928 die Veste übernahm.

Statt Burgfäulein und Rittern nächtigen in den 133 Betten nun Jugendliche auf Schulausflug oder Familien mit Lust auf einen Urlaubsabstecher ins Mittelalter. Da ist es nur stilgerecht, wenn man einen herrlichen Sommerabend an einem der Lagerfeuerplätze der Burg ausklingen lässt. Anderentags lohnt ein Ausflug zu einem Naturschauspiel – dem sogenannten Wackelstein. Wegen seiner Lage auf einer ebenen Platte kann der große Felsblock trotz eines geschätzten Gewichts von etwa 50 Tonnen angeblich von einem kräftigen Menschen zum Wackeln gebracht werden.

Schwarze Perle

Die Englburg in Tittling wurde im 11. Jahrhundert erbaut und diente bis 1950 als Lungensanatorium. Ordensschwestern betrieben anschließend eine Pension, der Kunstmaler Wilhelm Niedermayer und der Bildhauer Karl Made fanden hier manche Inspiration und auch Ex-Bundespräsident Theodor Heuss urlaubte hier. Seit 2006 ist die Englburg in Privatbesitz und kann nur mehr von außen besichtigt werden. Gleiches gilt für Burg Fürstenstein, die sich auf einem 578 Meter hohen Felsen über der gleichnamigen Ortschaft befindet und urkundlich erstmals 1366 erwähnt wurde. Bis 2001 beherbergte sie eine Knabenvolksschule mit Internat und ist heute ebenfalls in Privatbesitz.

Landschaftlich begeistert die Region der ursprünglichen Flusslandschaft der Ilz Kajakfahrer ebenso wie Paddler im Schlauchboot oder Stand-up-Paddler. Der Nebenfluss der Donau wird wegen seiner dunklen Farbe auch »schwarze Perle« genannt. Bei Fürstenstein befindet sich heute die bedeutendste Flussperlmuschelzucht Deutschlands. Die vom Aussterben bedrohten Flussperlmuscheln, die nur sehr sauberes Wasser mögen, werden hier nachgezüchtet und wieder ausgesetzt. Früher wurden ihre schönsten Perlen sogar in die bayerischen Kronjuwelen eingearbeitet.

← Die Saldenburg liegt rund 30 Kilometer nördlich von Passau. Wegen ihres würfelförmigen Turmes nennt man sie auch Waldlaterne.
↓ Die Ilz wird von vielen Bächen gespeist und ist das letzte große Wildwasser in Bayern.

INFO

ALTE HEIMAT

Bauernhöfe vom 17. bis zum 19. Jahrhundert, Mühlen und Kapellen, liebevoll eingerichtete Bauernstuben und bunte Bauerngärten dokumentieren im Museumsdorf Bayerischer Wald in Tittling den Lebensalltag vergangener Jahrhunderte in Niederbayern. Mit 150 Gebäuden und 60 000 volkskundlichen Objekten zählt das historisch angelegte Dorf auf einer Fläche von 25 Hektar zu den größten Freilichtmuseen Europas. Alles begann mit einer mehr als 500 Jahre alten Mühle, die der Begründer von Rotel Tours, Georg Höltl, vor dem Abriss rettete und 1974 als Museum restaurieren ließ. Seitdem wurden ihm zahllose historische Bauerngehöfte samt zugehörigem Hausrat und Gerätschaften zum Kauf angeboten. Ein Teil davon konnte fürs Museumsdorf gerettet werden, um historische Hauslandschaften des Bayerischen Waldes wie Vierseithöfe und Wohnstallhäuser auch für die Nachwelt zu erhalten (www.museumsdorf.com).

WEITERE INFORMATIONEN

www.dreiburgenland.info
www.saldenburg.de
www.fuerstenstein.de
www.tittling.de
www.flussmuscheln.de

29

DONAUDURCHBRUCH – KELHEIM

IN DER WELTENBURGER ENGE

Die als Naturschutzgebiet ausgewiesene Flusslandschaft des Donaudurchbruchs bei Kelheim lässt sich am besten vom Schiff aus erleben. Vorbei an bizarren Felsformationen aus Kalkstein und zauberhaften Wäldern geht es nach Kloster Weltenburg, dem ältesten Kloster Bayerns und seiner weltältesten Klosterbrauerei.

Drei feindliche Brüder, Räuberfelsen, Kuchelfelsen, versteinerte Jungfrau, bayerischer Löwe, Bischofsmütze, zwei sich Küssende, Römerfelsen, Peter und Paul, Bienenkorb, Napoleons Reisekoffer. Schier endlos erscheinen die fantasievollen Namen der Felsformationen, die man alle während einer Ausflugsschifffahrt zum wildromantischen Donaudurchbruch bei Kelheim passieren kann.

Dabei ist die Bezeichnung Donaudurchbruch an dieser Stelle geologisch irreführend, denn die Ur-Donau änderte erst in der vorletzten Kaltzeit ihren Lauf und nutzte dann diese bereits bestehende Rinne der Weltenburger Enge. Selbst durchgebrochen ist der Fluss demnach hier nicht. Eindrucksvolle Kalksteinbrocken bilden allerdings eine von 80 Meter hohen Felswänden eingerahmte Engstelle, an der die Donau nur mehr 110 Meter breit und 20 Meter tief ist.

In der spitzesten Flussschleife des Durchbruchs liegt Kloster Weltenburg mit seiner barocken Abteikirche und dem einladenden Biergarten. Das Kloster soll das älteste in Bayern sein, denn es wurde bereits 617 von iro-schottischen Mönchen gegründet. Da die Abtei heute von Benediktinermönchen bewirtschaftet wird, kann lediglich die Abteikirche besichtigt werden. Von außen recht schlicht, ist ihr Inneres umso prachtvoller. Den Asam-Brüdern gelang hier zwischen 1716 und 1739 ein Meisterwerk des Hochbarocks mit weißem Marmor, goldenem Stuck und farbenfrohen Wand- und Deckenfresken.

Weltälteste Klosterbrauerei

Und weil Mönche schon immer wussten, was lecker ist, wird in Weltenburg bereits seit 1050 Bier gebraut, weshalb man sich auch »älteste Klosterbrauerei der Welt« nennen darf. Das »Weltenburger Kloster Barock Dunkel« wird noch heute mit Juraquellwasser gebraut und wurde mehrfach mit dem »World Beer Cup« als bestes Dunkelbier der Welt ausgezeichnet. Gezapft wird es in der Klosterschenke mit Biergarten, wo man sich auch regionale Schmankerl munden lassen kann.

Heute ist allerdings nur mehr wenigen bewusst, dass noch bis in die 1980er-Jahre Pläne verfolgt wurden, die landschaftliche Perle der Weltenburger Enge für eine erweiterte Schifffahrt mit Kanal- und Staustufen zu zerstören. Dass das malerische Kloster wie auch eine bedeutende historische Höhlenkirche nicht teilweise überstaut wurden und noch immer auf dem Landweg zu erreichen sind, ist vor allem dem Engagement von Naturschützern zu verdanken.

INFO

DIE BEFREIUNGSHALLE
Der markante elfenbeinfarbene Rundbau auf dem Michelsberg bei Kelheim ist schon unten von der Donau aus zu erkennen. Hinauf bis zum Eingang sind es 84 Stufen. Auf den Pfeilern der Außenfassade symbolisieren 18 Kolossalstatuen jene deutschen Volksstämme, die einst an den siegreichen Schlachten gegen Napoleon beteiligt waren. Als Befreiungshalle ließ König Ludwig I. die Gedenkstätte zwischen 1842 und 1863 von Friedrich Gärtner und Leo von Klenze errichten. Im Inneren reichen sich 34 Siegesgöttinnen aus weißem Marmor, entworfen von Ludwig Schwanthaler, die Hände zum Reigen.
Jede von ihnen ist mehr als 3 Meter groß. Sie stützen sich auf 17 vergoldete und mit der Aufschrift bedeutender Schlachten versehene Schilde, die aus eingeschmolzenen Geschützen gefertigt sein sollen (www.schloesser.bayern.de/deutsch/schloss/objekte/kelheim.htm).

WEITERE INFORMATIONEN
www.kloster-weltenburg.de, www.kelheim.de
www.bund-naturschutz.de/ueber-uns/erfolge-niederlagen/donaudurchbruch-bei-weltenburg

← In der spitzesten Flussschleife liegt Kloster Weltenburg mit seiner barocken Abteikirche und dem einladenden Biergarten.
↑ Siegesgöttinnen reichen sich in der Befreiungshalle von Kelheim die Hände zum Reigen.

30

KONSERVATIV UND WELTOFFEN – LANDSHUT

EIN WENIG UNTERSCHÄTZT

Die Isar teilt sich in Landshut in zwei Arme und für die alte Herzogsstadt gibt es immer auch zwei Meinungen: Die einen betonen das konservativ Bayerische, die anderen sehen eher die junge, lebenslustige Stadt. Die Mischung aus beidem zeigt sich alle vier Jahre bei der drei Wochen dauernden Landshuter Hochzeit …

Am Kettenkarussell fliegen die Röcke und im Bierzelt sind die Ausschnitte tief. Die Burschen tragen Krachlederne und Haferlschuh'. Auf den beiden jeweils zehntägigen Dulten in Landshut, im Frühjahr und im Herbst, geht's stets hoch her. Dult heißt auf Bayerisch (und Österreichisch) so viel wie Jahrmarkt. In Landshut ist daraus längst ein gestandenes Volksfest geworden – ein Oktoberfest im Kleinformat sozusagen.

Landshut trägt das Image einer erzkonservativen Stadt mit sich. Die ortsansässige »Landshuter Zeitung« bietet eine Anmutung, als sei man 1955 in der Entwicklung stehen geblieben. Und inhaltlich ist die »LZ« durchaus schwarz gefärbt – und zwar nicht nur wegen der Druckerschwärze. Standesgemäß hält daher, nicht verwunderlich, die CSU gegen alle Trends die Fahne hoch – mit mehr als einem Drittel der Stimmen. Der höchste Backsteinturm der Welt ragt stolze 130 Meter in den durch und durch katholischen Himmel; er ist damit der höchste Kirchturm in Bayern. Und das ebenfalls weithin sichtbare Kernkraftwerk Isar bei Landshut produziert weiter Strom. Das ist die eine Seite.

Höchster Backsteinturm weltweit

Die andere Seite: Landshut hat eine der schönsten und besterhaltenen historischen Stadtkerne Süddeutschlands. Die Stadtresidenz gilt als erster Palazzo im Stil der italienischen Renaissance auf deutschem Boden. Und rund um das schöne dreigiebelige gotische Rathaus pulsiert das Leben. Die lang gestreckte Altstadt mit 700 Metern Fußgängerzone wird tagtäglich zur Bühne für Gaukler, Musiker und einem dankbaren Publikum. Im Koenigmuseum – früher das Skulpturenmuseum – geht es nicht um brave katholische Heiligenfiguren, sondern um Fritz Koenigs Sammlung zu afrikanischer Kunst. Das Eishockeystadion kocht, wenn der EVL seine DEL2-Spiele absolviert, der zweithöchsten deutschen Spielklasse. Und im Sommer gehen sie alle hinaus zur Gretlmühle zum Baden.

Das alles wird bewacht von der Burg Trausnitz, die über der Isar auf knapp 500 Metern Höhe, über allen Landshuter Dächern und sogar über dem Martinsturm thront: Sie ist die Heimat der Kunst- und Wunderkammer, in der Artefakte aus der Sammlung der Wittelsbacher Herzöge ausgestellt sind. 1150 wurde die heutige 70 000-Einwohnerstadt erstmals erwähnt und schwang sich im 13. Jahrhundert sogar zur Hauptstadt des Herzogtums Niederbayern auf. Landshut wird einfach immer wieder ein wenig unterschätzt.

← Brücke, Fluss und Turm: Der höchste Backsteinturm der Welt ragt 130 Meter in den katholischen Himmel der Stadt Landshut.
↓ Fesche Mädchen und Frauen: Die Landshuter Hochzeit gibt es seit mehr als hundert Jahren.

INFO

AUF ZUR HOCHZEIT!

Seit 1903 findet alle vier Jahre in Landshut Europas größtes Mittelalterfest statt (nächstes Mal 2023). Dabei wird die Fürstenhochzeit von 1475 nachgespielt, als der bayerische Herzog Georg der Reiche die polnische Königstochter Hedwig von Burghausen ehelichte. Das historische Fest dauert rund drei Wochen und mehr als 2000 Mitwirkende sorgen in mittelalterlichen Kostümen besonders beim Hochzeitszug, dem prunkvolle Einzug der Braut, für eine einzigartige Atmosphäre. Eine ganze Reihe von Einzelveranstaltungen, wie Reiter- und Ritterspiele, Tanz- und Festspiele füllen die ereignisreichen Tage. Mit dem Lagerleben klingt das Spiel von der Hochzeit aus. Einzelne Gruppen haben sich ihre Unterkünfte geschaffen, wo sie beim Brutzeln von Spanferkel und beim Kreisen der Bierhumpen, bei Musik und Schalk den Tag und das Fest beenden.

WEITERE INFORMATIONEN

Landshut liegt an der A92 und hat einen ICE-Bahnhof: www.landshut.de, www.dult-landshut.de, www.koenigmuseum.de, www.evl.info, www.landshuter-hochzeit.de

31

GÄUBODEN-REGION – STRAUBING

IM WEITEN LAND

Der fruchtbare Gäuboden ist Bayerns Kernland des Ackerbaus. Gute Böden und mildes Klima haben in der Donau-Ebene große Felder zur landwirtschaftlichen Nutzung entstehen lassen. Im Zentrum liegt die niederbayerische Stadt Straubing, die viele Gesichter hat: Donaustadt, Gäubodenmetropole und Herzogsstadt.

Die Mieder der traditionellen Gäuboden-Dirndl sind seit jeher goldbestickt und auf Straubings Marktplatz zeugen prachtvolle Patrizierhäuser noch immer davon, dass der Ackerbau die Region einst reich gemacht hat. Allerdings verdankt man diesen unübersehbaren Reichtum lediglich einem glücklichen Zufall. Zur sogenannten »Kornkammer Bayerns« konnte der Gäuboden, der sich südlich der Donau bei Regensburg bis hinunter nach Vilshofen erstreckt, nur durch seine mineralreichen, gut durchlüfteten Lössböden werden. Denn diese Gesteinsstruktur ist in der Lage, Nährstoffe und Wasser sehr gut zu speichern. Jedoch waren diese sehr fruchtbaren und leicht zu bearbeitenden Böden keineswegs an Ort und Stelle entstanden, sondern durch Winderosion hierher geweht worden.

Stürme aus vegetationsarmen Landschaften transportierten während der letzten Eiszeit kalkhaltigen Staub in den tieferliegenden Gäuboden. Die bis zu 6 Meter hohen Lössböden zählen heute zu den größten Vorkommen Süddeutschlands. Obendrein liegt die flache, weitläufige Gegend im Schnitt auf nur 320 Meter über Normalnull und wird im Norden vom Bayerischen Wald sowie im Süden vom niederbayerischen Hügelland derart geschützt, dass hier ein überaus mildes und relativ niederschlagsarmes Klima herrscht. Ohne steile Berghänge ist der lockere Lössboden leicht zu bewirtschaften, weshalb neben verschiedenen Getreidearten auch Kartoffeln, Mais und Zuckerrüben recht prächtig gedeihen. Die Bauern müssen deshalb weniger Arbeit in den Boden investieren als ihre Kollegen andernorts, wo die Felder viele Steine haben oder an Steilhängen liegen.

Die Bauernkönige

In der Gäuboden-Region, wo Bayerns reichste Bauern leben, war schon um 1900 von den »Bauernkönigen« die Rede. Das Herz dieser Kornkammer ist Straubing, die Stadt, die sich selbst auch Gäubodenmetropole nennt. Als Quelle sprudelnder Einnahmen bayerischer Herzöge ist sie vor 800 Jahren gegründet worden. Nicht nur das jährlich von bereits mehr als einer Million Gäste besuchte Gäubodenvolksfest im August lohnt als Einstimmung oder auch als entspanntere Alternative zum Münchner Oktoberfest. Blickt man von Straubings unübersehbarem Wahrzeichen, dem achtstöckigen Stadtturm, über die mittelalterliche Stadtanlage und die weitläufige Ebene des Gäubodens, beginnt man schnell zu verstehen, wie kostbar und knapp fruchtbares Ackerland ist. Schließlich sind Grund und Boden weit mehr als rein ideelle Werte.

INFO

DIE AGNES-BERNAUER-TORTE

Als Hommage an eine tragische Liebesgeschichte kreierte ein Straubinger Konditor ein besonderes Meisterwerk der Patisseriekunst: die Agnes-Bernauer-Torte. Bei der süßen Verführung handelt es sich um eine Schichttorte aus mit Mocca-Buttercreme gefüllten Nuss-Baiser-Böden, die es in Rund- und Quadratform gibt. Mit der Tortenerfindung wurde erstmals die Straubinger Konditorei Krönner bekannt, deren Backkünste in Bayern sich bereits bis ins Jahr 1425 zurückverfolgen lassen. Erinnert werden soll an die Augsburger Baderstochter Agnes Bernauer, die als Bürgerliche eine Liaison mit Albrecht III., dem Thronfolger des Herzogtums Bayern-München, eingegangen war. Doch Albrechts Vater, Herzog Ernst, wollte die Gefährdung der Erbfolge durch die unstandesgemäße Verbindung seines einzigen Sohnes nicht hinnehmen und ließ Agnes 1435 in der Donau bei Straubing ertränken. Alle vier Jahre finden in Straubing auch Agnes-Bernauer-Festspiele statt (www.kroenner.de).

WEITERE INFORMATIONEN

www.straubing.de

← Auf Straubings Marktplatz zeugen prachtvolle Patrizierhäuser noch immer davon, dass der Ackerbau die Region einst reich gemacht hat.
↑ Das Gäubodenfest in Straubing gehört zu den größten Volksfesten in Bayern.

32

DIE GLASSTADT – ZWIESEL

HERZ AUS GLAS

Die reichlichen Holz- und Quarzvorkommen des Bayerischen Waldes ließen in der Region viele Glashütten entstehen. In Zwiesel dreht sich schon seit dem 15. Jahrhundert alles ums Glas. Neben der weltgrößten Glaspyramide kann die Glasstadt auch mit einem der größten Kristallglashersteller der Welt aufwarten.

Wie das funkelt: 93.665 Kristallgläser zu einer 8,06 Meter hohen Glaspyramide übereinandergestapelt. Diese höchste Kristallglas-Pyramide der Welt ist unübersehbar das Wahrzeichen von Zwiesel. Zwei Wochen lang hatten Mitarbeiter der Zwiesel Kristallglas AG 2007 vor ihrer Firma über 65 Ebenen Gläser gestapelt, lose und ohne Klebstoff. Gewicht: 11,6 Tonnen. Damit die gestapelten Gläser nicht verdrecken oder beschlagen, bekam die Pyramide eine speziell angefertigte Schutzverglasung mit Luftentfeuchtung und Entstaubungsanlage. Bei den Gläsern handelt es sich um maschinell geblasene Tritan-Kristallgläser der Weinkelch-Serie »Neckar«. Dafür ist die Zwiesel Kristallglas AG bekannt, die mit etwa 900 Beschäftigten einer der größten Kristallglas-Hersteller der Welt ist und pro Tag etwa 200.000 Gläser fertigt.

Zwiesel ist ein Zentrum der Glaskunst an der Glasstraße, einer 270 Kilometer langen touristischen Route von Neustadt an der Waldnaab bis nach Passau. Bereits 1421 wurde in Zwiesel die erste Glashütte gegründet. In den Anfangsjahren fertigte man neben Butzenscheiben für Fenster auch gläserne Knöpfe und Rosenkränze. Später folgten Gebrauchs- und Ziergläser aller Art, mit denen man europäische Königshäuser und den russischen Zarenhof belieferte. Heute kann der Ort mit einer der renommiertesten Glasfachschulen Deutschlands aufwarten.

Reich an Holz und Quarz

»Fein Glas und gut Holz sind Zwiesels Stolz«, lautet ein altes Sprichwort in der Gegend. Denn für die Glasherstellung wurden große Mengen an Holz benötigt, um die riesigen Glasöfen zu beheizen. Dass sich viele Glashütten ausgerechnet im Bayerischen Wald ansiedelten, lag an seinem Holzreichtum und seinen Quarzvorkommen. Bekannteste Abbaustätte der Region ist der Quarzbruch am Hennenkobel (Hühnerkobel), an dem viele seltene und begehrte Mineralien gefunden wurden. Dazu gehört auch das Mineral Zwieselit, nach dem die Glasstadt benannt wurde.

Die Glasmacher-Tradition wird in Zwiesel bis heute fortgeführt, ob noch mit traditionell aufwendiger Handarbeit oder schon mit hochmoderner Technik. Viele Glashütten gewähren Besuchern einen Blick hinter die Kulissen. Mit etwas Glück darf man sich unter Anleitung eines Glasmachers sogar selbst als Glasbläser versuchen und lernt schnell, dass hier auch noch ein anderes Sprichwort gilt: Glück und Glas, wie leicht bricht das.

← Am Anger von Zwiesel steht eine außergewöhnliche Kapelle: 31 dreifarbige Glassteine wurden für ihren Bau verwendet.
↓ Das Wahrzeichen von Zwiesel: die Kristallglas-Pyramide aus 93.665 Kristallgläsern.

INFO

GLÄSERNE TRAUMWELTEN

Die gläserne Scheune, die beinahe schon Ausmaße einer Kathedrale hat, zählt zu den wohl ungewöhnlichsten Sehenswürdigkeiten entlang der Glasstraße. In Rauhbühl bei Viechtach verwandelte der Glasmaler Rudolf Schmid zusammen mit seiner Familie eine Scheune in ein gläsernes Gesamtkunstwerk, das in dieser Art einmalig ist. Auf mehr als 200 Quadratmetern bemalter riesiger Glasflächen erzählt der Künstler eindrucksvoll überlieferte Sagen und Mythen aus dem Bayerischen Wald. Zahlreiche Legenden der Region handeln vom Mühlhiasl und dessen Weissagungen, die bis in die heutige Zeit reichen. Auch das Schicksal des sagenumwobenen Räubers Heigl, dem »Robin Hood des Bayerwalds«, ist auf den Glasbildern dargestellt. Neben den Glaskunstwerken schnitzte Rudolf Schmid auch ein 30 Zentner schweres Scheunentor zum Thema »Wilde Jagd« und dem bayerischen Brauch der Raunacht mit Hexen und Geistern (www.glaeserne-scheune.de).

WEITERE INFORMATIONEN

www.zwiesel.de
www.dieglasstrasse.de

33

KÜNSTLER DES WALDES – WALDHÄUSER

IM KÜNSTLERDORF

Verstreute Häuser im Wald begründeten den Ruf von Waldhäuser als höchstgelegenes Dorf des Bayerischen Waldes. Maler Reinhold Köppel und Bildhauer Heinz Theuerjahr prägten das ehemalige Holzhauerdorf Anfang des 20. Jahrhunderts als Künstler des Waldes. Der Landschaftsmaler Hajo Blach setzt die Tradition heute fort.

Mit sieben Häusern und sieben wilden Kerlen fing hier alles an. Den Männern mit dem nicht allerbesten Leumund hatte man 1609 gestattet, sich auf einer Rodungsinsel in Waldhäuser anzusiedeln, um den durchreisenden Handelsleuten Verpflegung und Unterkunft zu gewähren. So verdankt das Bergdorf seine Entstehung dem Salzhandel auf dem sogenannten Guldensteig. Von Österreich nach Böhmen verlief hier die Route der sogenannten Salzsäumer. Alles Händler, die mit Pferden das in Scheiben gepresste oder in Fässern abgefüllte Salz nach Böhmen transportierten und auf dem Rückweg Getreide, Töpfer- und Glaswaren nach Bayern brachten.

Am Fuß des Lusen ist Waldhäuser, das heute zur Gemeinde Neuschönau gehört, das höchstgelegene Dorf im Bayerischen Wald. Die ersten Waldhäusler kümmerten sich um die Säumer und arbeiteten als Holzhandwerker. Sie fertigten Kochlöffel, Schüsseln, Schindeln und Knöpfe aus Holz, die sie den Bauern in tiefer gelegenen Ortschaften verkauften. Seit dem österreichischen Erbfolgekrieg 1740 blieben die Säumer aus und erst Anfang des 20. Jahrhunderts entdeckten Künstler das Holzhauerdorf mit seinen im Wald verstreuten Häusern. Vom einfachen Leben und der Weite der herrlichen Landschaft angezogen, wurden bald Holzarbeiter zu ihren Modellen und der Lusen zu ihrem Motiv.

Heimat ganz ohne Kitsch

Im alten Schulhaus bezog 1906 der Maler Reinhold Koeppel sein Domizil, der sich »Maler des Waldes« nannte. Sein Atelier war bis zu seinem Tod 1950 Begegnungsstätte für Künstlerfreunde. Heute wird es von Privatleuten bewohnt, welche die Tradition des Hauses schätzen. Nebenan baute 1940 der Maler und Bildhauer Heinz Theuerjahr sein Atelierhaus. Sein Thema waren heimische und von seinen Afrikareisen her auch exotische Tiere. In seinen Darstellungen versuchte er stets eine Reduktion auf das Wesentliche des Tieres. Heute betreut die Familie des inzwischen verstorbenen Künstlers Haus und einen Skulpturenpark als Museum.

Die Tradition als Künstlerort wird in Waldhäuser seit 1972 von Hajo Blach fortgesetzt. Seine weitgehend abstrakten Landschaftsbilder beeindrucken in der einfühlsamen Art, wie darin der stetige Stimmungswandel von Tages- und Jahreszeiten malerisch eingefangen ist. »Die Landschaft ist so atemberaubend, dass man jeden Tag neue, noch schönere Dinge entdecken kann – man muss einfach nur genau hinschauen«, sagt Blach.

INFO

DES TEUFELS FELSBROCKEN

Felsblöcke soweit das Auge reicht, sie bedecken den kompletten Gipfelbereich des Lusen. Das gewaltige Blockmeer aus Granit ist eine geologische Sehenswürdigkeit und macht den Lusen unverwechselbar. Die durch Erosion entstandenen Gesteinsbrocken gaben den Menschen jedoch früher Rätsel auf. In etlichen Mythen und Sagen hat deshalb der Teufel die Hände im Spiel. Einmal soll er unter den Felsen einen Goldschatz versteckt haben, dann sollten ihm die Steine zur Zerstörung einer Kirche dienen oder sie wurden als vom Teufel in Stein verwandelte Menschen gedeutet, die für die Wegzehrung nicht bezahlt hatten. Ab 1995 verlor der Wald um den Lusen auf rund 4000 Hektar weite Teile seiner alten Bergfichten durch Borkenkäferbefall. Die Nationalparkverwaltung entschied sich, nicht einzugreifen und ließ Natur Natur sein. Mit Erfolg. Inzwischen wächst hier ein artenreicherer und erheblich widerstandsfähigerer Wald heran. Der Erlebnisweg »Hochwaldsteig« gibt Einblicke in diese natürliche Waldentwicklung.

WEITERE INFORMATIONEN

www.waldhaeuser-bayerischer-wald.de, www.neuschoenau.de
www.theuerjahr.de

← Kunstsinnig: Die Gegend um Waldhäuser regt viele Künstler an, wie hier zur Skulptur einer Glasarche auf dem Wanderweg zum Lusen.
↑ Geologische Sehenswürdigkeit: Den Gipfel des Lusen formt ein Meer aus Granitblöcken.

Stadtbrille nennt man diesen Torbau über die Vils in Amberg. Zwei Bogen überspannen das Wasser, links davon führt ein Fußweg unter dem dritten Bogen hindurch.

OBERPFALZ

Wo man das Leben genießt

34

ARCHITEKTUREN – AMBERG

MIT WITZ UND IRONIE

Schon die Namen von Ambergs Häusern lassen einen neugierig werden: Glasmacherkathedrale, Stadtbrille, Eh'häusl oder Knasthotel. Wer sich hier auf die Spur interessanter Bauwerke begibt, kann manch Kurioses hinter den Fassaden der Stadt der vielen Biere entdecken.

Eigentlich ist es nur eine Fabrikhalle, doch für Kunsthistoriker ist die denkmalgeschützte Glaskathedrale im Stadtteil Bergsteig ein bedeutendes Industriedenkmal. Als Paradebeispiel des modernen Funktionalismus schuf Bauhausarchitekt Walter Gropius 1970 den spektakulären Firmensitz der Firma Rosenthal. Die Form habe der Funktion zu folgen, war ein wichtiger Bauhausgrundsatz, weshalb man den Glasbläsern ihre schweißtreibende Arbeit durch schnelle Wärmeabfuhr erleichtern wollte. Das aus Beton und Glas designte Dach und das 100 Meter lange Mittelschiff der Schmelzofenhalle erheben sich wie eine Kathedrale, in der auch heute noch Glas hergestellt wird.

Auch Ambergs Anfänge sind nicht minder spektakulär. Die Stadtbefestigung mit einer fast 3 Kilometer langen Stadtmauer, fünf Toren, 97 Türmen und einem tiefen Wassergraben machten die Altstadt uneinnehmbar. Wegen ihrer ovalen Form heißt sie bei Ambergern liebevoll das Ei. Mit der sogenannten Stadtbrille überspannt die Stadtmauer die Vils dann in zwei Bogen, die sich durch ihre Spiegelung im Wasser zu zwei nebeneinanderstehenden Kreisen ergänzen, was zu dem Spitznamen führte.

Hochzeit mit Haus

Architektonisch hat Amberg selbst bei Übernachtungsmöglichkeiten Ungewöhnliches zu bieten. Im Eh'häusl schläft man in einem der kleinsten Hotels der Welt, denn das Haus ist nur zweieinhalb Meter breit. Der Bau war 1728 aus der Not geboren, denn der Rat der Stadt verlangte von heiratswilligen Paaren den Nachweis von schuldenfreiem Haus- und Grundbesitz, um die Geburtenrate von sozial Schwächeren niedrig zu halten. Ein geschäftstüchtiger Unternehmer kam deshalb auf die Idee, eine kleine Lücke zwischen zwei Anwesen zu schließen. Damit konnte er heiraten und das Eh'häusl an das nächste heiratswillige Paar verkaufen. Auf diese Weise soll das improvisierte Häuschen oft seine Besitzer gewechselt haben. Heute wird es als kurioses Hotelchen gern von Verliebten und Flitterwöchlern gebucht.

Nicht minder ungewöhnlich ist eine Übernachtung im ehemaligen Gefängnis Fronfeste. In der Mitte des 18. Jahrhunderts für »Malefizverbrecher« erbauten Haftanstalt fanden auch Folter und Hinrichtungen statt. Bis Ende der 1950er-Jahre blieb das Gefängnis in Betrieb. Seit 2013 wird es als denkmalgeschütztes Knasthotel betrieben, das zahlreiche Auszeichnungen erhielt. Vom Eh'häusl zum Knastzimmer, das muss den Ambergern erst mal jemand nachmachen.

← Das Amberger Rathaus wurde in der Mitte des 14. Jahrhunderts errichtet und seither immer wieder erweitert. Markant ist die reich verzierte Westfassade.
↓ Hochzeitsbrunnnen: Brautpaar Margarete von Bayern-Landshut und Philipp von der Pfalz, flankiert von zwei Narren

INFO

DIE BIERFAHRT

Mehr als 30 Klein-, Familien- oder Hausbrauereien hatte Amberg im Mittelalter und noch heute produzieren fünf mittelständische Brauereien und eine Hausbrauerei hier ihre eigenen Biere, weshalb die Stadt als ausgewiesene Bierstadt gilt. »A g'scheits Bier, und nette Menschen«, lautet der Wahlspruch der Einheimischen. Doch der Gerstensaft der Bierstadt lässt sich nicht nur in Wirtshäusern, Restaurants, Pubs, Bistros, Clubs oder Biergärten probieren. Für Bierliebhaber ist die Amberger Bier-Plättenfahrt etwas ganz Besonderes. Während man im Flachbodenboot über die Vils schippert und dabei ein leckeres Bier und kleine Schmankerl genießt, weiht ein Amberger Brauer in die Geheimnisse der Braukunst ein. Tickets gibt es über die Tourist-Information.

WEITERE INFORMATIONEN

Amberg Tourismus: www.tourismus.amberg.de
Eh'häusl: Tagespreis: 240 Euro, www.ehehaeusl.de
Knasthotel: Einzelzelle ab 68 Euro, www.hotel-fronfeste.de
Glaskathedrale: www.stadtmuseum-amberg.de/de/glaskathedrale/info

35

IM DRACHENLAND – FURTH IM WALD

GUT GEGEN BÖSE

Der Drachenstich in Furth im Wald ist Deutschlands ältestes Volksschauspiel mit einer Tradition von fast 500 Jahren und seit 2018 immaterielles Kulturerbe der UNESCO. Ursprünglich war das »Drachenstechen« Teil des Fronleichnamszugs, heute ist es für Einheimische der Festhöhepunkt des Jahres.

Ritter Udo reitet an!«, ruft ein kleiner Pimpf, der ins Wams geschlüpft ist, ein Holzschwert gezückt hat und auf seinem Kinderrad gegen einen selbst gebauten Drachen aus zusammengefügtem Blätterwerk anradelt. Tags zuvor haben die Freunde aus der Nachbarschaft noch zusammen rote Ziegelsteine zerklopft und mit Wasser zu einem roten Brei verrührt, der nun als Drachenblut herhalten muss. So oder so ähnlich erinnern sich viele Further noch an längst vergangene Kindertage. Die meisten kennen den Text des Schauspiels auswendig und spielten ihn zu Hause in den zur Tradition gewordenen Hinterhofspielen nach. Ganz real ohne Handy, ohne Computeranimation, auch wenn heutzutage selbst die Ausstattung der Kinderdrachenfestspiele professionalisiert wurde. Was in Furth die Großen können, das können die Kleinen mindestens genauso gut: Drachen töten.

Vor dem historischen Hintergrund der Hussitenkriege erwacht in Furth im Wald an der Grenze zu Böhmen im Drachenstich eine uralte Legende zum Leben: Die Geschichte vom Drachen und vom ältesten Mythos der Menschheit – der Kampf des Guten gegen das Böse. Eine uralte Sage erzählt, dass vor Urzeiten ein Drache lebte, der sich vom Beschützer der Menschen zu ihrem größten Feind wandelte. Er konnte zwar gebannt werden, doch das Blutvergießen eines Krieges konnte ihn jederzeit zurückholen, wie einst im August 1431, als Kaiser Sigismund den böhmischen Reformator Jan Hus auf dem Scheiterhaufen verbrennen ließ und Böhmen deshalb gegen den Kaiser aufbegehrte. Und so müssen die beiden Helden der Legende, die Schlossherrin von Furth und der furchtlose Ritter Udo, dem Drachen Einhalt gebieten, bevor er ihre Stadt zerstört, während um sie herum ein Intrigenspiel beginnt.

Ältestes Festspiel Deutschlands

Ein erster Hinweis auf das uralte Brauchtum findet sich im Further Ratsbuch von 1590. Ob die Tradition des Drachenstechens sogar noch weiter in die Vergangenheit zurückreicht, wird sich wohl nie genauer feststellen lassen. Viele Aufzeichnungen sind im Lauf der Jahrhunderte an der stark umkämpften bayerisch-böhmischen Grenze ein Raub der Flammen geworden. Und so geht man heute davon aus, dass der Further Drachenstich auf eine Tradition von mindestens 500 Jahren zurückblicken kann, was ihn zum ältesten Volksschauspiel Deutschlands, vermutlich sogar Europas macht.

In Furth geht für viele Kinder ein Traum in Erfüllung, wenn sie später einmal Ritter oder Ritterin sein dürfen. Die Tradition verlangt, dass die beiden Hauptdarsteller je-

→ Mythos Drache: Furth im Wald lebt, solange der Drache stirbt.

INFO

IM LABYRINTH DER UNTERWELT

Eine steile Felsentreppe führt hinab in die Tiefe unter den Further Stadtplatz, wo es schummerig und entsprechend kalt ist. Glatt könnte man meinen, auf eine geheime Höhle des Drachen gestoßen zu sein, von der aus sich das Tier jedes Jahr aufmacht zu den Menschen, um Angst und Schrecken zu verbreiten. Aber vermutlich verhält sich die Geschichte umgekehrt und die Further haben schon seit dem späten Mittelalter gleich mehrere Kilometer lange Felsengänge in den Gneis geschlagen, um hier selber Schutz oder ein Versteck zu finden. Einen guten Kühlschrankersatz, wo Speisen und Getränke länger frisch blieben, bot das Labyrinth an unterirdischen Gängen natürlich auch. Wen es nicht zu sehr gruselt, der kann die Keller auch alleine erkunden und eine Welt aus längst vergessener Zeit entdecken.

WEITERE INFORMATIONEN

Tourist-Info Furth im Wald, Schlossplatz 1, 93437 Furth im Wald, Tel. 09973/ 509 80, www.furth.de
Drachenstich jährlich Anfang bis Mitte August: www.drachenstich.de
Drachenhöhle am Festplatz: www.further-drache.de
Drachenmuseum, Schloßplatz 4, www.landestormuseum.byseum.de
Mittelaltermarkt Cave Gladium: www.cave-gladium.de
Felsengänge: www.flederwisch.de

Die Felsengänge unter dem Further Stadtplatz waren früher kühle Keller und Verstecke zugleich.

des Jahr neu besetzt werden. Ein Ritterpaar, das gleich zwei Jahre hintereinander amtierte, gab es nur zwei Mal in der langen Geschichte des Schauspiels. Zum ersten Mal 1920/21, als die Spanische Grippe die Weltbevölkerung heimsuchte und deshalb pausiert wurde. Und nun, exakt hundert Jahre später, als wegen der Corona-Pandemie der Drachenstich ausfallen musste. Die Kandidaten für die beiden Hauptdarsteller müssen heute nicht mehr aus Furth gebürtig sein, aber eine Verbundenheit mit der Stadt haben. Die haben natürlich auch die 1500 Darsteller, die ehrenamtlich am Festspiel und Festumzug teilnehmen.

Der Drachenmythos

Highlight des als UNESCO-Welterbe ausgezeichneten Schauspiels ist der 4,5 Meter hohe feuerspeiende Drache, im Guinnessbuch der Rekorde als »größter vierbeiniger Schreitroboter der Welt« eingetragen und mit sämtlichen Hollywood-Spezialeffekten ausstaffiert. Er verfügt über natürliche Bewegungsabläufe, eine ausgefeilte Gesichtsmimik und schleudert imposante Feuerstöße aus seinem Rachen. Von Europa bis China, von den Babyloniern bis zu den amerikanischen Ureinwohnern gehört der Drache zu den ältesten Mythen vieler Völker. Nicht immer ist er das Feuer speiende Ungetüm, in China gilt er gar als sympathischer Glücksdrache. Auch ein reines Fabelwesen ist er mitnichten, wenn man Drachen als Saurier betrachtet, die vor Urzeiten unseren Planeten bevölkerten. Ihren ersten Drachen verdanken die Further dem Münchner Hoftheater, wo man 1913 sein Ungeheuer verkaufte, nachdem es der Nibelungenheld Siegfried zum letzten Mal auf der Bühne niedergestochen hatte. In den Anfängen des Spiels verbarg sich unter dem Further Drachen noch eine Person: Der Stadtärmste verkörperte das Ungetüm zum Lohn von ein paar Maß Bier und bangte, ob ihn die Lanze des Ritters nicht versehentlich traf.

Mystik des Mittelalters

Wie der Drache, wurde im Laufe der Jahre auch das historisch überlieferte Schauspiel den Zeiten angepasst. Ursprünglich war der Drachenstich theatralischer Bestandteil der Fronleichnamsprozession, in dem die katholische Kirche im Zuge der Gegenreformation der bilderfeindlichen, protestantischen und hussitischen Bewegung eine opulente Bilderpracht entgegensetzen wollte. Als sich der Drachenstich jedoch immer mehr zur Volksbelustigung entwickelte, versuchte die Kirche die Aufführung zu verbieten, was die Further auf die Barrikaden brachte. Der Drachenstich wurde ab 1879 aus der Fronleichnamsprozession entfernt und zum eigenständigen Festspiel.

Nach dem Zweiten Weltkrieg gestaltete der Romancier Josef Martin Bauer den Spieltext so, dass der Drache eindeutig zum Symbol der kommunistischen Bedrohung aus dem Osten wurde. Mit dem Untergang des Kommunismus brauchte es etwas Neues, weshalb 2006 Alexander Etzel-Ragusa ein spektakulärer gestaltetes Festspiel schuf, geschrieben für ein jüngeres Publikum, das an mehr Action und Emotionen interessiert ist. Und weil Mittelaltermystik ohnehin im Trend liegt, will man mit dem »Cave Gladium« durch Mittelalterkonzerte, Schwertkampf- und Bogenturniere, Zeltlager und Historienmarkt Einblick in vergangene Zeiten geben, um sich somit die Zukunft zu sichern. Denn eine Redensart der Einheimischen lautet: »Furth lebt, solange der Drache stirbt.«

↖ Auf dem Stadtplatz von Furth im Wald findet jedes Jahr im August das älteste Volksschauspiel Deutschlands statt: der Drachenstich.
→ Drachenstich mit Festumzug ist in Furth im Wald das Highlight des Jahres.

36

MONTE KAOLINO – HIRSCHAU

HEISS STATT EIS

Skifahren ganz ohne Schnee und noch dazu mitten im Sommer, das kann man auf exotischen Wüstendünen oft erst weit nach Sonnenuntergang oder im Winter, will man keine Verbrennungen riskieren. Im oberpfälzischen Hirschau gibt es hingegen am Monte Kaolino reichlich Quarzsand fürs sommerliche Sandboarding.

Manche Pisten sind nichts für Anfänger, die legendäre Streif in Kitzbühel zum Beispiel. Da geht es fast senkrecht nach unten und Rennläufer beschleunigen bei ihrer Abfahrt auf bis zu 145 Stundenkilometer. Auch auf dem Monte Kaolino im oberpfälzischen Hirschau kann einem das Herz in die Hose rutschen, blickt man bei 45 Prozent Gefälle vor der Abfahrt nach unten. Aber die Angst ist völlig unbegründet, schließlich fährt man hier auf Sand. Da ist ein steiles Gefälle sogar notwendig, damit man richtig in Schwung kommt, weil der Reibungswiderstand der Quarzkörnchen die Abfahrt verlangsamt. Technik und Ausrüstung sind zwar dieselben wie beim Skifahren oder Snowboarden, nur auf Sand fühlt es sich in etwa so an, als würde man durch Tiefschnee fahren.

Sandboarding und Sandskifahren sind aber keine neuen Trenderscheinungen. Bereits in den 1940er-Jahren wurde diese Sportart in den USA bekannt und verbreitete sich später sogar bis in die Arabischen Emirate, wo auf der bekannten Moreeb-Düne etwa 250 Kilometer südwestlich von Abu Dhabi die Sanddünen bis zu 300 Meter in die Höhe wachsen, es aber oft zu heiß ist, um darauf zu fahren.

Skifahren nur im Sommer

Da hat man es auf dem Monte Kaolino schon besser getroffen, denn in der Sommersaison lässt es sich hier bedenkenlos im T-Shirt über die Düne düsen. Schon seit 1833 wird rund um Hirschau Kaolin abgebaut, das in der Glas-, Gießerei-, Papier-, Keramik- und bauchemischen Industrie Verwendung findet. Da der Quarzsand bei der Kaolinaufarbeitung quasi als Abfallprodukt anfällt, wuchs der Berg stetig bis auf heute 32 Millionen Tonnen Sand. Und so gab es auf dem Monte Kaolino schon 1957 Sommerski-Veranstaltungen. Heute bringt eine Liftanlage Besucher zur Aussichtsplattform. Die 120 Meter hohe Quarzsandhalde ist vermutlich sogar das einzige Skigebiet, das im Winter schließt.

Wenn man sich den beigefarbenen Sand noch etwas weißer träumt, sieht so eine Abfahrt eigentlich aus wie normales Alpinskifahren nur eben ohne Schnee. Eingehüllt in einem Schweif aus Sand fühlt man sich nach einigen Abfahrten jedoch fast schon wie ein Komet. Anders als in der Wüste hat die sandige Angelegenheit in Hirschau den Vorteil, dass am Fuß des Monte Kaolino sogar ein Dünenfreibad für Erfrischung nach dem Sandskifahren sorgt. Im Wasser lässt es sich wunderbar entspannen und dabei zusehen, wie andere ihre Schwünge durch den Quarzsand ziehen.

← Skifahren im Sommer: Hier staubt nicht etwa der Schnee, sondern der Quarzsand vom Monte Kaolino bei Hirschau.
↓ Eine Liftanlage bringt Besucher zur Aussicht oder zur Abfahrt nach oben.

INFO

»KUMMT'S EINA!«

Sie nennen sich »Die letzten Gwietscher«, »Pfiffige Knepf« oder »Milchbankl Muse« und spielen Volksmusik. Mehr als 40 solcher Musikgruppen zieht es jedes Jahr Anfang Juni vom Wirtshaus hinaus auf die Bühnen und Plätze der gesamten Innenstadt, um unter dem Motto »kummt's eina« (Kommt herein) beim Volksmusikfest in Hirschau aufzuspielen. Ob traditionell oder modern – ob mit Akkordeon, Tuba oder Zither, bei der dargebotenen Volksmusik geht es um nichts weniger, als um musikalisches Kulturgut in seiner gesamten Vielfalt. Zur Wirtshausmusik wird gut gegessen, gesungen und getanzt und bei mehr als 370 teilnehmenden Musikanten ist das Interesse groß, sich bei der Gelegenheit auch unter Kollegen über die neuesten Musiktrends auszutauschen. Zusätzlich gibt es noch ein großes Markttreiben mit mehr als 50 Handwerkern, Dienstleistern und Einzelhändlern (www.hirschau.de).

WEITERE INFORMATIONEN

Monte Kaolino: Skier, BigFoot und Sandboards inkl. Schuhe gibt es gegen Gebühr zu leihen, Dienhof 26, 92242 Hirschau, Tel. 09622/70 37 13, www.monte-kaolino.eu

Wasserhöhe
am 27.3.1988
Juli 1954
Wasserhöhe
Juni 1965
Wasserhöhe

37

WELTERBE AN DER DONAU – REGENSBURG

RAUCHZEICHEN ÜBER DER GOLDENEN STADT

Was Goethe einst verpasste und was früher heimlich durchs Schlüsselloch verkauft wurde: Regensburger Bratwürstel aus der Historischen Wurstkuchl, dem ältesten Imbiss der Welt. Obendrein war Regensburgs Steinerne Brücke Vorbild für die Prager Karlsbrücke und ist auch noch wesentlich älter als diese.

Ausgerechnet Deutschlands viel gepriesener Dichterfürst hat es sich mit den Regensburgern verscherzt. Johann Wolfgang von Goethe muss der unverwechselbare Geruch von auf Holzkohle gegrillten Schweinswürsteln, der sonst fast jeden hungrigen Fleischesser in kulinarische Euphorie versetzt, doch glatt entgangen sein. Dabei hat er bei seinem Kurzbesuch in der Donaustadt 1786 direkt oberhalb der legendären Wurstkuchl im damaligen Gasthof Zum Weißen Lamm logiert. Die Regensburger können es deshalb bis heute kaum fassen, dass von Goethe als Kommentar zu ihrer Stadt nur ein lapidares »Regensburg liegt gar schön« verbrieft ist. Deshalb setzten sie schnell die Legende in die Welt, Goethe sei im Schlaf fast an seinem Speichel erstickt, so sehr sei ihm von den leckeren Düften aus der Wurstkuchl das Wasser im Mund zusammengelaufen.

Der Pakt mit dem Teufel

Aus der winzigen, zwischen die umliegenden Häuser geduckten Wurstkuchl mit ihren weiß-rot gestreiften Fensterläden steigt auch heute noch der Rauch vom offenen Holzkohlegrill auf, wo die nach historischem Rezept hergestellten Bratwürste brutzeln. Die Lage direkt an der Donau und der Blick auf die Steinerne Brücke könnten besser kaum sein. Weil der Erbauer seine Brücke aber unbedingt schneller vollenden wollte als sein Konkurrent, der Dombaumeister, soll er dafür einen Pakt mit dem Teufel geschlossen haben. War dem Dom zweifellos Gottes Hilfe vorbehalten, musste für weltliche Monumente notgedrungen der Teufel herhalten, wenn es darum ging, Außergewöhnliches in kürzester Zeit zu bewerkstelligen.

Noch heute erinnert daran die Figur des Bruckmandls auf der Brückenmitte, die mit schützend über die Augen gehaltener Hand hinüberschaut, welche Fortschritte der Kirchenbau macht. Während sich der Dombau mehr als 250 Jahre hinzog, war die Steinerne Brücke in nur elf Jahren bereits 1146 fertig. Damals als achtes Weltwunder gefeiert, diente sie den Pragern als Vorbild für die Karlsbrücke, deren Bauarbeiten erst 1357 begannen. Ihre prächtigen Steinskulpturen erhielt die Moldaubrücke aber erst im Barock, als Regensburg für solche Ausgaben längst zu arm war. Zwei Hähne und ein Hund waren in Regensburg übrigens die ersten, die der Baumeister über die Brücke schickte. Da-

← Historische Hochwassermarken in der Wurstkuchl zeigen, wie oft hier die Donau schon über ihre Ufer getreten ist.

mit löste er seine angebliche Wette mit dem Teufel ein, dem er die ersten drei Seelen versprochen hatte, die über die Brücke laufen. Aus Wut darüber soll der Teufel versucht haben, das Bauwerk wieder zu zerstören. Weil das jedoch nicht gelang, schließlich war die Brücke ja teuflisch gut gebaut, schoss Luzifer hinab in die Donau und verursachte die berühmten Donaustrudel.

Historische Hochwassermarken an und in der Wurstkuchl zeigen, wie oft hier die Donau schon über ihre Ufer getreten ist. Dabei sind gerade die Außenplätze mit Biertischen und Sonnenschirmen recht reizvoll, schließlich haben von manchmal mehr als tausend Besuchern am Tag im historischen Häusl kaum mehr als 35 Gäste Platz. Das heutige Gebäude stammt aus dem 17. Jahrhundert, aber archäologische Grabungen zeigten, dass an selber Stelle schon früher eine ähnliche Garküche gestanden haben muss. Dieses Vorgängerhäuschen, das um 1135 zunächst als Baubüro für die Steinerne Brücke diente, wurde nach deren Fertigstellung von Dombauarbeitern sowie Arbeitern des nahen Hafens aufgesucht, um sich mit gesottenem Fleisch zu stärken.

Ältester Imbiss der Welt

Bratwürste kamen dort vermutlich erst später auf den Grill, als der Garkoch Wolfgang Schricker das Häuschen 1806 von der Stadtkämmerei gekauft hatte. Seither ist die Historische Wurstkuchl in fünfter Generation in Besitz der Familie Schricker/Meier und war als erstes Fastfood-Restaurant weltweit quasi so etwas wie das historische »McWurstkuchl's«, noch lange bevor amerikanische Burgerketten den Globus eroberten. Mit klassischem Fastfood will Andreas Meier aber nichts zu tun haben, auch wenn seine Bratwürste ohne Zweifel zum schnellen Verzehr gedacht sind. »Qualität zählt vor Geschwindigkeit. Zu Bratwürsten verarbeiten unsere Hausmetzger nur Edelteile vom Schweine-Hinterschinken, der in herkömmlichen Betrieben für gewöhnlich nur für Schnitzel verwendet wird«, sagt der Chef des Hauses. Die Folge: Es spritzt kein Fettsaft aus der Wurst, sobald man beherzt hineinbeißt. Auch die Beilagen stammen aus der Region. Im Meierschen Gärkeller reift das Sauerkraut noch in Holzfässern heran, der süße Senf mit etwas Meerrettichschärfe wird nach historischem Rezept von Großtante Elsa Schricker eingekocht und die handgemachten Regensburger Kipferl liefert der Traditionsbäcker Schwarzer.

Sechs auf Kraut

Unverwechselbares Markenzeichen der Wurstkuchl-Bratwürste ist neben ihrem etwas pfeffrigen Geschmack auch das Miniformat von einem Zentimeter Durchmesser und maximal zehn Zentimetern Länge. Nur so konnten früher angeblich die kleinen Würste am Auge des Gesetzes vorbei auch nach Sperrstunde durchs Schlüsselloch verkauft werden, um zu jeder Zeit hungrige Dombauarbeiter zu versorgen. An guten Tagen gehen heute ganz legal bis zu siebentausend Bratwürstel über den Grill. Der Klassiker ist »Sechs auf Kraut«. Doch weil man einen Sitzplatz draußen nicht reservieren kann, gibt es am Ausgabefenster »Zwei auf Kraut im Kipferl« auf die Hand zum Mitnehmen. Dass auch Andreas Meier noch immer mit Genuss in so ein Bratwurstkipferl beißen kann, liegt am maßvollen Konsumieren. »Obwohl wir immer eine Metzgerei hatten, gab es, als ich Kind war, nur zwei Mal Fleisch in der Woche«, so der Würstelkönig.

↗ Sie war das architektonische Vorbild für den Bau der berühmten Prager Karlsbrücke: die steinerne Brücke von Regensburg.
← Sechs auf Kraut: Regensburger Bratwürste aus der historischen Wurstkuchl, dem ältesten Imbiss der Welt

INFO

IM RUHMESTEMPEL

Sie thront hoch oben über der Donau bei Regensburg: die Walhalla. Besonders eindrucksvoll ist deshalb auch die Anfahrt im Schiff, wenn man sich dem imposanten Bau mit seinen dorischen Säulen und der vorgelagerten Aufgangstreppe mit ihren 358 Stufen vom Fluss aus nähert. Im Inneren des Ruhmestempels werden seit 1842 bedeutende Deutsche und Persönlichkeiten, die mit der Geschichte Deutschlands in Verbindung stehen, in Form von Marmorbüsten und Gedenktafeln geehrt. Inspiriert von der Idee König Ludwigs I. entstand nach den Plänen des Architekten Leo von Klenze eines der bedeutendsten Bauwerke des Klassizismus in Deutschland, dem das Parthenon in Athen zum Vorbild diente. Seit 1962 werden die ursprünglich 96 Büsten alle fünf bis sieben Jahre ergänzt. Über die Neuzugänge entscheidet der bayerische Ministerrat auf Empfehlung der Bayerischen Akademie der Wissenschaften.

WEITERE INFORMATIONEN

Tourist Information Regensburg, Altes Rathaus, 93047 Regensburg, Rathausplatz 4, Tel. 0941 507 44 10, www.tourismus.regensburg.de
Historische Wurstkuchl, 93047 Regensburg, Thundorferstr. 3, Tel. 0941 466 21-0, www.wurstkuchl.de
Walhalla: www.walhalla-regensburg.de

Das Pantheon von Athen zum Vorbild, thront die Walhalla hoch über der Donau bei Regensburg.

38

LAND DER TAUSEND TEICHE – TIRSCHENREUTH

DER KARPFEN UND DAS PORZELLAN

Wo Fische sprechen können und Brücken nur von zwei Stahlbändern gehalten werden. Wo kunstvolle 33-teilige Tafelservice hergestellt wurden und ein Türmer bis in die 1970er-Jahre hinein Wache hielt: Dort liegt das oberpfälzische Tirschenreuth, wenige Kilometer von der bayerisch-tschechischen Grenze entfernt.

Hast scho' was gfanga?«, fragt ein Angler seinen Kumpel, der bereits seit ein paar Stunden am Rothenbürger Weiher sein Glück versucht. »Klar! Komm her! Da schau, drei schöne Zander!« Der Ankömmling baut seinen aufklappbaren Stuhl auf und richtet seine Angel her: »Na dann! Vielleicht geht mir ja auch was an die Schnur …«

Die Chancen dazu sind nicht schlecht: Der Rothenbürger Weiher ist bekannt für seinen Fischreichtum. Es gibt zum Beispiel Karpfen, Wels, Flussbarsch und eben Zander. Im Haus am Teich kann man im 30 000 Liter Großaquarium die Bewohner der Tirschenreuther Teiche bestaunen.

Und was würde ein Fisch dazu sagen, wenn er sprechen könnte? Im Fischereimuseum – ein Teil des Museumsquartiers, in dem es auch um Porzellan, Krippen und Stadtgeschichte geht – kann man einen Karpfen an einer großen Schautafel anklicken und dann aufmerksam lauschen, was der so von sich gibt … Auf fantastische Karpfen, vielfältig gestaltet von heimischen Künstlern, trifft man an mehreren Stellen der Kreisstadt. Dazu gehört auch der Karpfenbrunnen, der für die nachweislich seit dem 11. Jahrhundert gepflegte Karpfenzucht im Land steht.

Die kleine Schwester

Die Region Tirschenreuth ist einerseits bekannt als das Land der tausend Teiche, wobei es sogar rund 4700 Teiche sind, welche die Tirschenreuther Teichpfanne prägen, die nicht nur Anglern, sondern auch Wanderern gute Möglichkeiten bietet. Andererseits und bundesweit von Bedeutung war das Tirschenreuther Porzellan: 1832 gegründet, kam aus der Porzellanfabrik Tirschenreuth mehr als 150 Jahre lang luxuriöses Porzellangeschirr. 1995 wurde die Fabrik geschlossen. Der Druck von günstigeren Konkurrenten aus dem Ausland wurde zu groß.

Tirschenreuth, 10 000 Einwohner, hat einen prächtigen 235 Meter langen und 47 Meter breiten Marktplatz. Im Klettnersturm von 1330 hielt noch bis 1972 ein Türmer Wache. Die Max-Gleißner-Spannbandbrücke ist mit ihren nur zwei Stahlbändern einmalig in Deutschland. Und die Fischhofbrücke aus dem Jahr 1750 gilt als eines der wichtigsten Brückenbaudenkmäler in Bayern. Die 92 Meter lange Granitquaderbrücke ist die kleine Schwester der Steinernen Brücke in Regensburg. Sie führt zum Fischhof: Im 13. Jahrhundert war er Lagerstätte, später Sommersitz der Äbte von Waldsassen und heute tagt darin das Amtsgericht.

← Die Treppen zum Weiher: Um Tirschenreuth gibt es knapp 5000 Teiche, in denen man gut angeln kann und um die es sich schön spazieren lässt.
↓ Die kleine Schwester von Regensburg: Die Fischhofbrücke von 1750 steht, wie die Regensburger Steinerne Brücke, unter Denkmalschutz.

INFO

ZUM PICKNICK EIN KERWL

Eine Kleinigkeit aufnehmen heißt das Wort Picknick übersetzt, zusammengestellt aus »piquer« für aufpicken und »nique« für Kleinigkeit. Picknickdecke, Besteck, Teller, Gläser und Leckeres zum Trinken und Schmausen – all das braucht man dazu. Und in Tirschenreuth wartet das Ganze sicher in einem Kerwl (Körbchen) verpackt auf die Gäste. Denn die müssen dort nicht selbst einkaufen, sondern rufen einfach an, wenn sie am Rothenbürger Weiher, an der Sternwarte oder Heusterzbrücke ihr Picknick machen wollen. Es gibt Rustikales mit Geräuchertem, Brezn und Bier oder Süßes mit Kaffee, Kuchen, Spitzbuben und für Verliebte alles sogar in Herzform … Das Picknick-Kerwl wartet in einer isolierten Holzbox. So bleibt alles frisch und trocken. Die PIN für das Zahlenschloss gibt's bei der Bestellung. Essen, trinken und genießen muss man allerdings selbst …

WEITERE INFORMATIONEN

Tirschenreuth liegt nahe der A93, hat aber keinen Bahnhof: www.stadt-tirschenreuth.de
Picknick-Bestellung: Tel. 09631/12 58

39

STIFTSBIBLIOTHEK – WALDSASSEN

WÄCHTER DER BÜCHER

Die Stiftsbibliothek in der Zisterzienser-Abtei von Waldsassen zählt zu den kunsthistorisch wichtigsten Bibliotheken Süddeutschlands. Dabei treten die Bücher selbst fast in den Hintergrund, so überschwänglich und opulent ist die räumliche Gestaltung mit ihren Schnitzkunstwerken und Deckenmalereien.

Zorn, Eigenbrötlerei, Spottlust, Prahlerei, Ignoranz, Hoffahrt, Eitelkeit, Neugierde, Heuchelei und Dummheit. In diesen verschiedenen Variationen stellen zehn lebensgroße Holzfiguren in der Stiftsbibliothek von Waldsassen das Thema Hochmut dar. Mit ihren Schultern stützen sie gleichsam eine Empore, welche um den Bibliothekssaal läuft. Dabei schaut einen die Dummheit dann bildlich im Eselskostüm an, ganz so wie es als Fastnachtsmaske auch im benachbarten Egerland gebräuchlich war. Die Heuchelei tritt einem dann als gefesselter Geistlicher im Talar entgegen, der auf seinem Haupt einen Vogel mit langem Schnabel sitzen hat, der ihm kräftig in die Nase zwickt.

Diese amüsanten und prachtvollen Schnitzkunstwerke sind Arbeiten des Waldsassener Schnitzers Karl Stilp, der seine Werkstatt damals im 11 Kilometer entfernten Eger unterhielt. Stilps kostbare Schnitzarbeiten sowie die farbenprächtigen Deckengemälde von Karl Hofreiter aus Bayreuth machen die Klosterbibliothek, die 1726 im Übergangsstil von Hochbarock zum Rokoko vollendet wurde, zu einem Kleinod, das fast schon wie ein sakraler Raum wirkt.

Bücher fast Beiwerk

Angesichts der überschwänglichen Ausstattung der Bibliothek gelangen die Bücher beinahe ins Hintertreffen. Der Verbleib der ursprünglichen 19 000 Bücher, die noch bis zur Zeit der Säkularisation im Bestand der Bibliothek waren, ist bis heute ungeklärt. Dabei lagerten 1585 noch die originalen Handschriften und Druckwerke in einer sogenannten Pultbibliothek, in der die Bücher angekettet auf Pulten lagen. Erst 1965 stellte die staatliche Provinzialbibliothek in Amberg dem Kloster mehr als 2000 Bücher mit theologischen Schriften als Dauerleihgabe zur Verfügung, die sich heute auf zwei Geschossen verteilen. Im unteren Geschoss gibt es in Nischen eingebaute Bücherschränke, die mit herrlichen Flachschnitzereien verziert sind. Über kaschierbare Wendeltreppen hinter den Schränken gelangt man auf die Empore.

Hier oben ist man den vier großen Deckengemälden Hofreiters noch näher. Sie sollen Leitfaden durch die Bibliothek sein, die speziell von Denken und Handeln der Zisterzienser geprägt ist, dargestellt durch den hl. Bernhard. Eine Besonderheit: Im Gemälde »Konzil zu Reims« sind auch der Maler Hofreiter, der Schnitzer Stilp und Abt Eugen verewigt, die eigentlich erst 600 Jahre später lebten. Ihre Augen sollen dem Betrachter überall im Saal hinfolgen, egal wohin man geht.

INFO

IM NAMEN DER DREIFALTIGKEIT

Sie ist wohl eine der eigenartigsten Kirchenschöpfungen Deutschlands: die Dreifaltigkeitskirche im Waldsassener Ortsteil Kappl. In all ihren wesentlichen Bauteilen dominiert die Zahl Drei als Symbol der Heiligen Dreifaltigkeit. So ist der Gedanke der Dreieinigkeit im Außenbau unverkennbar in den drei Türmen und den drei Dachreitern mit Zwiebelhauben versinnbildlicht und auch im Inneren gibt es exakt drei Hauptaltäre. Die Bezeichnung Kappl leitet sich von Kapelle ab, einem kleinen Vorgängergebäude aus Holz. Laienbrüder des Klosters Waldsassen hatten sie errichten lassen, als sie hier um 1133 ihre Viehherden weideten und zur Andacht an einem Baumstamm ein Bild der Allerheiligsten Dreifaltigkeit angebracht hatten, das geschützt werden sollte. Den heute zu den bedeutendsten Rundbauten des Barock gehörenden Zentralbau erschuf Georg Dientzenhofer 1685 bis 1689 auf dem Grundriss eines dreiblättrigen Kleeblattes. www.kapplkirche.de
Weitere Informationen:
www.abtei-waldsassen.de
www.tourismus.waldsassen.de

← In der Stiftsbibliothek im Kloster Waldsassen lassen prachtvolle Schnitzkunstwerke die Bücher fast zur Nebensache werden.
↑ Errichtet auf dem Grundriss eines dreiblättrigen Kleeblattes: die Dreifaltigkeitskirche Kappl

Der Bulgarenturm der Veste Coburg erinnert an Ferdinand von Sachsen-Coburg-Kohary, der 1887 zum König von Bulgarien gekrönt wurde.

OBER-FRANKEN

Feste, Bier und eine berühmte Hose

40

HOSEN FÜR DIE WELT – BUTTENHEIM

DER VATER ALLER BLUE JEANS

Im oberfränkischen Buttenheim wussten die Einwohner lange Zeit nichts von einem gewissen Levi Strauss, dem Erfinder der Blue Jeans. Ein Zufall half und seit 2000 ehren sie den gebürtigen Buttenheimer mit einem Museum, in dem es um Levi, seine indigoblau gefärbten Jeans und die ganze Erfolgsgeschichte geht.

Eine Jeans kostet in der Regel um 100 US-Dollar, häufig auch weniger. Ein Japaner gab 2005 allerdings 60.000 US-Dollar aus und ersteigerte bei einer Internet-Auktion die wohl teuerste Jeans der Welt: eine 115 Jahre alte original Jeans von Levi Strauss.

Es war ein Franke, der die Jeans erfunden hat. Sein Name: Levi Strauss, 1829 geboren als Löb Strauß im oberfränkischen Buttenheim. Aus wirtschaftlicher Not wanderte die Familie 1853 nach San Francisco aus, wo Levi ab 1871 strapazierfähige blaue Arbeitshosen entwarf, hergestellt aus grobem Baumwollstoff mit Metallnieten, die erst um 1920 Jeans genannt wurden. Arbeiter und Cowboys waren die Kundschaft, denn die Hose hielt was aus.

Eine Glaubenssache

Erst nachdem Levi's ein eingetragenes Markenzeichen wurde, kamen die ersten Damenjeans auf den Markt und 1936 die heute legendäre 501. Die Zahl geht auf Nieten zurück, die unter der Nummer 501 registriert waren. Doch es dauerte noch mal 20 Jahre, ehe Levi's zur Modeikone aufstieg: Teenager entdeckten die indigoblauen Hosen und Mode hatte die Arbeitskluft abgelöst. 1960 kam die erste vorgewaschene Jeans auf den Markt, die 551.

501, 502, 511 oder 551 – hinter diesen Zahlen stecken nicht nur die verschieden geschnittenen Levi's-Modelle, sondern fast schon Glaubensbekenntnisse. Wer ein überzeugter 501-Träger ist, kauft keine 551 und schon gar nicht Wrangler, Calvin Klein, Lee oder Diesel. Heute ist die Jeans beinahe überall salonfähig, wird zum Teil sogar mit Hemd, Krawatte und Jackett getragen. Außer in schottischen Golfclubs, vor denen durchaus ernst zu nehmende Schilder mit der Aufschrift stehen: no women, no dogs …

Das Geburts- und Fachwerkhaus von Levi Strauss stammt aus dem Jahr 1687 und ist seit 2000 ein Museum, in dem es um Levi, die wohl berühmteste Hose der Menschheit, die markante blaue Farbe und um die ganze Erfolgsgeschichte geht. Doch erst eine Anfrage aus den USA brachte ans Tageslicht, dass Levi Strauss im unscheinbaren Buttenheim geboren wurde: In einem Brief von 1983 wurde der damalige Bürgermeister um Informationen über den Geburtsort des Jeans-Erfinders gebeten. Eine emsige Recherche begann und als klar wurde, dass Levi Strauss tatsächlich in Buttenheim geboren wurde, kaufte die Gemeinde sofort das Geburtshaus von Strauss und machte ein Museum daraus.

← Lange Zeit wussten die Buttenheimer nichts von ihrem berühmtesten Sohn: das Levi-Strauss-Museum in seinem Geburtshaus.
↓ Das weltbekannte Bild von Bamberg: Das Alte Rathaus der Stadt ist über die Regnitz gebaut.

INFO

AUF SIEBEN HÜGELN

»Der Eulenspiegel war da. Der Faust war da. Der Dürer war da. Der Goethe war da. Der Hegel war da. Der Hoffmann war da. Aber geblieben ist keiner«, sagt Gerhard Krischker, Mundartpoet aus Bamberg, über Bamberg, die Stadt, die wie Rom auf sieben Hügeln erbaut wurde, tausend Jahre alt und ein denkmalgeschütztes Gesamtkunstwerk ist, das sogar zum Weltkulturerbe der Menschheit zählt. Neben dem Dom ist das Highlight der Stadt das Alte Rathaus auf der Regnitz-Insel, Bambergs schönster Profanbau: Das kleine Fachwerkhaus scheint über dem Fluss zu schweben, da es nur an das große Gebäude, ohne eigene Stützpfeiler, angebaut wurde. Dahinter erhebt sich Schloss Geyerswörth, das ehemalige bischöfliche Stadtschloss aus dem 16. Jahrhundert. Wer auf den Turm steigt, hat einen prächtigen Blick über Altstadt, Dom, Rathaus und all die Kirchen.

WEITERE INFORMATIONEN

Buttenheim liegt an der A73, 30 Auto- oder S-Bahn-Minuten südöstlich von Bamberg: www.buttenheim.de, www.levi-strauss-museum.de, www.bamberg.info

41

DIE GROSSE VESTE – COBURG

IN BAYERN GANZ OBEN

Das kleine Coburg im hohen Norden Frankens wird häufig unterschätzt. Da thront die berühmte Veste – und die Pracht dreier weiterer Herzogschlösser –, aber auch abgesehen davon ist die Stadt, die per Volksabstimmung zu Bayern kam, erlebens- und sehenswert: Bio-Läden und Rio-Samba geben alternatives Flair.

In Coburg kann man sich verlaufen. Macht nichts! Denn so entdeckt man Galerien, Kneipen und die »Buchhandlung Riemann«, wo es heißt: All you can read. In einem Bundesgrenzschutzgelände proben Nachwuchsbands und das Vogelschießen ist harmlos, denn so heißt nur das Volksfest. Bei den Designtagen gibt sich schon mal Coburgs berühmtester Sohn, Prinz Albert und seines Zeichens Gatte von Queen Victoria, die Kugel bei einer Installation, während die heißen Samba-Tage 150 000 Menschen anlocken und die Großherzogstadt zu Klein-Rio macht.

Der Star der liebenswürdigen Stadt ist aber die Veste aus dem 13. Jahrhundert, die über Coburg thront: Sie gehört zu den größten Burganlagen Deutschlands, mit drei Ringmauern, drei großen Türmen, zwei Höfen und vier Basteien. Dagegen sehen die drei weiteren Herzogschlösser deutlich kleiner aus: die Ehrenburg, die zusammen mit dem Landestheater den Schlossplatz im Zentrum dominiert, Schloss Callenberg, das Jagd- und Sommeranwesen im Stadtteil Beiersdorf, und Schloss Rosenau am Stadtrand. Es war 1819 der Geburtsort von Prinz Albert.

In der Mitte des Marktplatzes im Stadtzentrum steht das Bronzedenkmal für Prinz Albert, das seine Frau, die britische Königin Victoria, der Stadt schenkte. Übrigens soll sie ihm den Heiratsantrag gemacht haben – und nicht umgekehrt, was um 1840 durchaus noch ungewöhnlich war. Am Markt gibt es aber nicht nur Geschichte und Skulptur, sondern auch die traditionell über Kiefernzapfen gebratene Coburger Bratwürste, die zu kosten man keinesfalls versäumen sollte!

Spaziergang ins Sonnensystem

Erst seit 1920 ist Coburg bayerisch – und zwar durch einen Volksentscheid, weil Bayern den Coburgern einige Zugeständnisse und Vorteile versprach. So verlor Thüringen die große Veste und die kleine Stadt dazu. Jahrzehntelang lag sie unmittelbar am Eisernen Vorhang.

Etwas außerhalb, in Untersiemau, kann man den ersten deutschen astronomischen Lehrpfad begehen. Das verkleinerte Abbild unseres Sonnensystems führt über 10 Kilometer. Die Basilika Vierzehnheiligen in Bad Staffelstein gilt als eines der genialsten Bauwerke von Balthasar Neumann. Kloster Banz steht dem kaum nach. Und nach einem herrlichen Blick vom Hochplateau des Staffelstein geht's ins »Staffelbräu«. Der Brauereigasthof von 1856 hat eine eigene Bergquelle für hausgemachtes Bier …

INFO

WIE IN RIO DE JANEIRO

150 000 Gäste, 3000 temperamentvolle Tänzerinnen und Tänzer in farbenprächtigen Kostümen und fantasievolle Shows, begleitet von hundert Gruppen mit Musikern und Trommlern aus aller Welt, fährt das Coburger Samba-Festival jährlich im Juli auf. Es gilt als die größte und beste Samba-Party außerhalb Brasiliens. Und das soll was heißen! Dazu gehören Bühnen-Shows und brasilianischer Straßen-Samba mit Umzug. Die Altstadt zwischen Markt und Schlossplatz ist für drei Tage das Epizentrum. Von den Einnahmen fließt ein Teil in Hilfsprojekte für brasilianische Straßenkinder.

WEITERE INFORMATIONEN

Coburg liegt an der A73 Bamberg-Suhl und verfügt über einen ICE-Bahnhof. Das Volksfest Vogelschießen beginnt immer am letzten Juli-Wochenende: www.coburgmarketing.de, www.samba-festival.de, www.c-d-o.de/coburger-designtage, www.riemann.de, www.siemauer.net, www.staffelberg-braeu.de
Die »Villa Victoria« ist ein charmantes Biedermeier-Haus mit liebevoll eingerichteten Zimmern: www.hotel-villa-victoria.de

← Da kam einst keiner rein: Heute allerdings schon, denn die Veste beherbergt eine der bedeutendsten kunst- und kulturgeschichtlichen Sammlungen Deutschlands.
↑ Laut und farbenprächtig: In Coburg wird die größte Samba-Party außerhalb Brasiliens gefeiert.

42

NATUR UND KUR – FRANKENWALD

WO HUMBOLDTS KARRIERE BEGANN

40 Jahre teilte der Eiserne Vorhang Deutschland. Er zerschnitt ein Land in Ost und West, trennte Familien und Freunde. Die Natur aber eroberte diese fast unberührte Grenzlinie zurück. Im Frankenwald entstand das Grüne Band, ein Rückzugsgebiet für Tiere und Pflanzen, wo man die Stille hört und den Wald riecht.

Der junge Mann, der 1792 in Bad Steben ankam, war akkurat gekleidet, 23 Jahre jung und frisch gebackener Bergbauingenieur. Im Auftrag der preußischen Regierung sollte er das Bergbaurevier Frankenwald auf Vordermann bringen. Sein Name war Alexander von Humboldt. »Das tat er auch. Er sorgte hier für Ordnung«, sagt Manfred Teichmann vom Schieferbergwerk »Lotharheil«, dem einzigen in Bayern noch in Betrieb befindlichen Schiefersteinbruch. »Lotharheil«-Gründer Lothar Faber baute seit 1710 Schiefer ab. Sein Sohn hatte Humboldt noch erlebt, der eine Grubenlampe und ein Beatmungsgerät erfand sowie eine Berufsschule für Bergmänner gründete. »Humboldt verließ Bad Steben als gefragter Mann«, sagt Teichmann. Dass er eines Tages einer der wichtigsten Naturwissenschaftler werden würde, daran dachte damals freilich niemand.

Bad Steben liegt mitten im 1200 Quadratkilometer großen Frankenwald. Das Mittelgebirge mit Höhen bis zu 800 Metern ist sehr waldreich und Tonschiefer bestimmt den Boden. Für Wanderer und E-Biker geradezu ein Paradies: nicht überlaufen, günstig und bodenständig.

Hot Stone auf fränkisch

Machen wir einen Zeitsprung: 1832 stirbt Goethe in Weimar. Demokraten und Nationale feiern das Hambacher Fest und in New York nimmt die erste Straßenbahn der Welt, eine Pferdebahn, ihren Betrieb auf. 1832 ist auch das Jahr, in dem das Königreich Bayern der Gemeinde Steben den Titel Bayerisches Staatsbad verleiht. Eine Auszeichnung mit der Aufgabe, Menschen zu helfen, sie mithilfe der Natur zu heilen. Sechs Jahre später eröffnet das erste Badehaus, entworfen von Leo von Klenze. Er wusste, was der Mensch braucht: viel Raum, viel Licht, viel Luft.

Das große Kapital von Bad Steben sind bis heute die Heilwasserquellen mit Radon und Kohlensäure sowie das Naturmoor, eine Heilmittelkombination, die in Westeuropa einmalig ist. Doch im 21. Jahrhundert gibt es auch Erdbeer-Wellness oder Vinotherapie. Ein bisschen Bling-Bling gehört eben zum Geschäft. Und bei Hot Stone auf fränkisch werden erwärmte Frankenwald-Schiefersteine auf die Energiepunkte des Körpers platziert. Neben Hot Stone gibt es auch Seifenmassagen auf heißem Schieferstein, in der Schiefer-Dampfgrotte oder bei der Schieferstein-Heilschlamm-Entspannung. Kilometer-Null-Wellness sozusagen: kein schlechter Ansatz.

← Das Kurhaus von Bad Steben: Traditionelle Architektur ist die eine Seite – moderne Anwendung die andere. Ein bisschen Bling-Bling gehört heutzutage dazu.
↓ Solitärbaum bei Sonnenaufgang: Der Naturpark Frankenwald gehört zu den ruhigsten Regionen in Nordbayern.

INFO

DURCHS GRÜNE BAND

872 Todesopfer sind offiziell an der Grenze zur DDR verzeichnet. Die Dunkelziffer dürfte weit höher liegen. Beim Radeln mit dem bequem zu handhabenden E-Bike ist der politische Aspekt zwar ein unsichtbarer, aber im Kopf stets präsenter Hintergrund. Wie eine hellgrüne Schlange aus Mischwiesen und Laubwald zieht sich das Grüne Band durchs Land, rechts und links eingerahmt von dunklen Fichtenwäldern, bestens zu sehen von den Bergkuppen. Der Verlauf ist identisch mit dem Todesstreifen und seinen Stacheldrahtzäunen, die auf 1393 Kilometern durch Deutschland für Schrecken sorgten.
Heute ist das Grüne Band, das erste gesamtdeutsche Naturschutzprojekt, der größte Biotopverbund Deutschlands. Über 1200 seltene und zum Teil gefährdete Pflanzen- und Tierarten machen den einstigen Todesstreifen zu einer Lebenslinie mitten in Deutschland.

WEITERE INFORMATIONEN

Bad Steben liegt 35 Kilometer nordöstlich von Kronach: www.frankenwald-tourismus.de, www.bad-steben.de, www.schieferbergwerk.de

43

OBER- UND UNTERSTADT – KRONACH

NIE BEZWUNGEN, NIE EROBERT

Mehr als tausend Jahre ist Kronach alt. Die wunderschöne fünfeckige Festung Rosenberg wurde in der ganzen langen Zeit nie eingenommen. Die Oberstadt ist ein von einer vollständig erhaltenen Stadtmauer umgebenes Ensemble-Denkmal. Und Maler Lucas Cranach der Ältere nannte sich sogar nach seiner Heimatstadt.

Marketing auf oberfränkisch gab's schon nachweisbar in der Renaissance und einer der Ersten des Faches ist heutzutage ausschließlich als Künstler bekannt: Lucas Cranach der Ältere, der sich nach seiner Geburtsstadt Kronach benannte. Zu seiner Zeit war Cranach der Clevere mehr Geschäftsmann und stand sicher auch deshalb im Schatten von Albrecht Dürer. Erst ab 1505, als er Hofmaler am kursächsischen Hof wurde, widmete er sich ausschließlich der Kunst.

Am Marktplatz des 18 000-Einwohner-Städtchens an der gemächlich fließenden Haßlach und Kronach findet man das Geburtshaus von Lucas Cranach d. Ä. Einige seiner Werke – und die von Tilman Riemenschneider – sind in der Fränkischen Galerie des Bayerischen Nationalmuseums auf der Festung Rosenberg zu sehen.

Die fünfeckige Veste

In Kronach dominiert die Ober- die Unterstadt, doch über allem thront die fünfeckige Veste Rosenberg mit mächtigen Bastionen und dem Dicken Turm aus dem 16. Jahrhundert. Für den Festungsbau war die Form des Bastionsfünfecks wegweisend: Massive Wallmauern widerstanden dem Beschuss und von den vorspringenden Bastionen aus konnten die Verteidiger jeden Angreifer treffen. Wahrscheinlich wurde die Veste deshalb nie bezwungen, nie erobert und: Sie gilt als eine der schönsten und größten Festungsanlagen Europas.

Was ist eine Kasematte? Kann man eigentlich eine Kanonenkugel heben? Oder: Wie war das Leben auf einer Festung? Der Unterschied zwischen Kommandantengattin und Pferdeknecht wurde gerade beim Wohnen deutlich: Hier das Himmelbett in der Schlafkammer, dort der Strohsack im Stall. In der Dauerausstellung »Festungen – Frankens Bollwerke« werden diese und weitere spannende Fragen an einem Originalschauplatz beantwortet: direkt auf der Veste Rosenberg.

Obere Stadt nennen die Kronacher ihre auf einem Bergsporn gelegene historische Altstadt. Kopfsteinpflaster und Sandstein, Schiefer- wie Fachwerkbauten, eine Zeitreise mit Toren und Türmen macht dieses städtebauliche Kleinod zwischen Festung und der unteren Stadt aus: Ein Ensemble-Denkmal, das von einer noch vollständig erhaltenen Stadtmauer umgeben ist. Durch die enge Pottu-Gasse geht's in die Unterstadt, durch die Wolfsschlucht kommt man zur Festung.

INFO

SAUGEMÜTLICH

Gibt's das? Saunieren, wo man will? Und wann und wie oft? Wer sich in der Umgebung von Kronach befindet, der kann sich eine mobile Sauna an den Ort seiner Wahl bestellen. Der Mietpreis von 110 Euro beinhaltet Holz für 3 bis 4 Stunden, Saunaöl sowie Lieferung, Abholung und Reinigung. Die 2 Meter lange, 2 Meter hohe und 2,25 Meter breite Sauna bietet Platz für bis zu sechs Personen. Die Mietdauer geht von 15 bis 9 Uhr am Folgetag: ein ganz persönliches Wellnesserlebnis.
Außerdem in der Kronacher Umgebung beachtenswert: Im Ortsteil Fröschbrunn lockt eine Sommerrodelbahn. Der Ölschnitzsee lädt zum Baden ein. Und in Steinbach am Wald steht ein 8 Meter hoher Obelisk aus Glasscheiben, der nachts von innen beleuchtet wird.

WEITERE INFORMATIONEN

Kronach liegt zwischen der A9 und der A73 sowie an der Frankenwaldbahn: www.kronach.de, www.kronacher-mietsauna.de
Kronacher Bratwürste vom Holzkohlegrill und Bier vom Felsenkeller bietet der Landgasthof Zum Goldenen Wagen: www.gasthof-schmidt.de

← Die etwas andere Drei-Flüsse-Stadt: Erst fließt die Kronach in die Haßlach, die im Foto zu sehen ist und dann später in die Rodach mündet.
↑ Diese Burg wurde nie eingenommen: die mächtige Veste Rosenberg aus dem 13. Jahrhundert.

ZONE

44

DIE BIERSTADT – KULMBACH

EINE LEBENSAUFGABE

In Kulmbach dreht sich alles um das Bier. In einer Nachbargemeinde fließt sogar aus einem Brunnen Bier. Und so stellt der beliebte Gerstensaft die schöne Plassenburg, die Fachwerkhäuser und den berühmtesten Sohn der Stadt in den Schatten. Wer weiß schon, dass Thomas Gottschalk in Kulmbach aufgewachsen ist?

Bis man alle fränkischen Biere probiert hat …«, Tina-Christin Rüger denkt kurz nach: »Das wäre eine Lebensaufgabe!« Tina hat 2014 das fast Unmögliche geschafft: Die damals 26-Jährige wurde als erste Oberfränkin zur Bayerischen Bierkönigin gewählt. Gerade in Ober- und Niederbayern musste sich die Fränkin immer wieder mal einen blöden Spruch anhören, doch Tina konterte: »Mein Lieblingssatz bei Veranstaltungen in Oberbayern war: ›Man soll Gott für alles danken, auch für einen Oberfranken‹. Dann habe ich so viel erzählt über die Bierkultur in Oberfranken und dass wir die höchste Brauereidichte der Welt haben, dass ich letztendlich doch auch Skeptiker überzeugt habe …«

Bier, so hört man immer wieder, ist schließlich der kleinste gemeinsame Nenner in Oberfranken. Kulmbach, die Stadt mit 30 000 Einwohnern, nennt sich selbstbewusst auch Welthauptstadt des Bieres. Nicht nur wegen der Großbrauerei im Ort, auch fast jedes Dorf in der Gegend braut sein eigenes Bier. Und das Bayerische Brauereimuseum auf der Plassenburg gehört zu den wichtigsten deutschen Ausstellungen zur Biergeschichte: Interaktive Stationen machen den Museumsbesuch zum flüssigen Gold zum Erlebnis. Es geht um die Anfänge des Bierbrauens, die Bierkultur im Wandel der Zeit, aber auch um Fragen wie: Ist Bier gesund? Oder macht Bier dick? Man sieht eine 3000 Jahre alte Bieramphore, wunderbare Bierkrüge und ganze Sudhäuser. Der Gast riecht, schmeckt und sieht, etwa beim Gang durch die gläserne Brauerei mit ihren gläsernen Sudkesseln und glänzenden Kupferhauben. Man kann dem Braumeister über die Schultern gucken und ihn nach seiner Arbeit befragen. Und zum Schluss gibt es natürlich auch ein Bier: frisch gezapft, vollmundig und goldgelb.

← Kulmbachs Rathaus am Marktplatz: Die Höhenmarke an der rechten Ecke wurde 2002 mit 308,865 Metern über dem Meeresspiegel neu vermessen.

300000 Zinnfiguren

Auf der Plassenburg ist aber nicht nur das Bayerische Brauereimuseum zuhause, sondern auch das Armeemuseum, das Landschaftsmuseum und vor allem das Deutsche Zinnfigurenmuseum, mit mehr als 300000 Figuren die größte Zinnfigurensammlung der Welt. Besonders anschaulich ist die nachgestellte Eroberung Kulmbachs 1553: 20 000 Figuren zeigen, wie die Truppen der Reichsstadt Nürnberg nach langer Belagerung die Stadt Kulmbach eroberten und fast vollständig zerstörten.

Von der 116 Meter über Kulmbach thronenden Plassenburg, eine trutzige Buntsandsteinfestung aus dem 12. Jahrhundert, hat man einen wunderbaren Blick auf die Bierstadt. Sie war der Sitz der Markgrafen, ehe diese nach Bayreuth abwanderten. Der Schöne Hof zählt zu den besterhaltenen Renaissance-Höfen in Deutschland. Bei Konzerten bietet er 1500 Zuhörern Platz.

Ein Spaziergang von Fachwerk zu Fachwerk und von Brunnen zu Brunnen führt vom Holzmarkt über die Langgasse zum Marktplatz. In der Mitte bildet der Luitpoldbrunnen den allgemeinen Treffpunkt der Stadt. Im Jugendstil erbaut und 1899 eingeweiht, wurde er von den Nazis ab- und erst 1994 wiederaufgebaut. Auf Nr. 7 steht übrigens das Geburtshaus von »Rolex«-Gründer Hans Wilsdorf. Die meisten Bürgerhäuser entstanden in den Jahrzehnten um 1600. Das heutige Kulmbacher Rathaus wurde allerdings erst 1752 erbaut. Der Krieg zerstörte das Vorgängergebäude. Links vom Rathauseingang ist der Kulmbacher Fuß (29 Zentimeter) aus Eisen in die Mauer eingelassen und rechts davon die Kulmbacher Elle (83 Zentimeter). Sie waren lange Zeit die gängigen Längenmaße.

Der historische Stadtkern Kulmbachs ist in großen Teilen erhalten. Dabei prägen die noch erhaltenen fünf Stadttürme das Ortsbild: Der Weiße Turm aus dem 14. Jahrhundert war bis ins 19. Jahrhundert hinein das Gefängnis. Der Rote Turm mit seinem Spitzhelmdach und der runde Heilingschwertturm, der Fronvestenturm und der Buckelquaderturm ergänzen die Stadtbefestigung.

Ja, der Thomas ...

Den Oberfranken ist zuweilen gar nicht so einfach beizukommen. Je abgelegener, um so schwieriger wird's. Bei einem Seidla Bier allerdings wird der Fremde schnell zum Kumpel. Das erste »Is' mir doch wurscht« kann nämlich heißen: Eigentlich traue ich mich nur nicht zu sagen, was ich möchte. Ein Oberfranke will erst ein wenig erobert sein, ehe seine Schutzhülle fällt. Schickimickis haben dabei wenig Chancen, ein bisschen verratzt und nicht so perfekt sein, ist schon besser. Beim berühmtesten Sohn der Stadt machen sie aber eine Ausnahme. Nun ja, er ist zwar nicht in Kulmbach geboren – sondern im nahen Bamberg –, aber doch in Kulmbach aufgewachsen, was ihn dann doch zu einem der ihren macht: »Wetten, dass ...«-Moderator Thomas Gottschalk. »Kulmbach – für die Nerven ist es wirklich gut«, sagte der Entertainer einmal auf die Frage, ob er sich vorstellen könne, den Lebensabend in Kulmbach zu verbringen. »Der Thomas ist ja keiner, der so abgehoben ist. Der gefällt uns allen ganz gut ...«, sagt eine Bratwurststandl-Frau, während sie einem Kunden »a Boor im Halbn« in die Hand gibt: also zwei Bratwürste in einem halben Bratwurststollen – eine typische Bestellung an ihrem Bratwurststand. Aber es gibt auch »drei im Ganzn«, das sind dann drei Bratwürste in einem ganzen Stollen, mit oder ohne Senf. Die Vorliebe der Kulmbacher für ihre feinen Kulmbacher Bratwürste erkennt man schon daran, dass sie auch ein besonderes Brötchen für ihren Verzehr erfunden haben: den Bratwurststollen. Dieser ist etwa zweimal so groß wie eine normale Semmel und hat eine längliche Form. Für viele ist »drei im Ganzn« sogar ein schnelles Mittagsmahl. Kulmbacher Schnecken allerdings isst in der Bierstadt niemand. Die deftigen Hackfleisch-Rollen tragen zwar Kulmbach im Namen, aber dort ist das Gericht so gut wie unbekannt ...

↗ Der Rote Turm am Röthleinsberg: Im obersten Stockwerk wohnte einst der Stadtmusikus.
← Ein Kulmbacher Denkmal für das Bier und sein Fass, in dem es gelagert wird: Schließlich gilt Bier in Bayern als Grundnahrungsmittel.

INFO

TOLLE BRÜSTE

Beinahe wäre man an ihr vorbeigefahren: an der Jungferkättl, aus deren Busen am Kirchweihsonntag nicht Wasser, wie sonst, sondern Bier strömt. Der Nixen-Brunnen aus Sandstein liegt direkt an der B85 zwischen Kulmbach und Kronach in Weißenbrunn. Kirchweih ist an jedem dritten September-Wochenende und die Leute strömen mit Krügen in der Hand herbei, um an Jungferkättls tollen Brüsten ihr Seidla zu füllen. Möglich wird das durch eine noch funktionierende Leitung von der inzwischen stillgelegten Brauerei zum Brunnen, der 1717 erbaut wurde.

WEITERE INFORMATIONEN

Kulmbach liegt nahe der A70 und hat einen Regio-Bahnhof: www.kulmbach.de
Biermuseum: www.kulmbacher-moenchshof.de
Die Kulmbacher Bierwoche, Ende Juli/Anfang August, bedeutet neun Tage Ausnahmezustand: www.kulmbacher-bierwoche.de
Jungferkättl: www.weissenbrunn.de
Im Naherholungsgebiet Mainaue gibt es einen Badesee. Wer Richtung A9 fährt, kann auch einen Sprung in den Goldbergsee in Marktschorgast wagen, ein Naturfelsenbad mit kristallklarem Wasser.

45

DIE MAUER IN KLEIN – MÖDLAREUTH

LITTLE BERLIN

Durch das Dorf verlief 41 Jahre lang die innerdeutsche Grenze. Über Jahrzehnte trennte eine dort erst 1964 gebaute Mauer Familien und Freunde – wie einst in Berlin. Sogar die jetzigen Nachbildungen der Mauer, Stacheldrahtzäune und Wachtürme wirken beklemmend. Wie brutal muss die Wirklichkeit gewesen sein?

Die Amerikaner erfanden den Namen: Little Berlin, denn die Mauer von Mödlareuth verlief, wie in Berlin durch die Stadt, mitten durchs Dorf und sie wurde, wie das große Pendant in Berlin, zum Symbol der deutschen Teilung. Die menschenunwürdige Grenzziehung der DDR war für alle Deutsche schrecklich, doch für Mödlareuth noch ein ganzes Stück schlimmer. In Oberfranken war die Mauer 700 Meter lang, 3 Meter hoch und bestens bewacht. Sogar die heute zu sehenden Nachbildungen von Mauer, Zäunen und Wachtürmen wirken brutal. Wie muss erst die echte Mauer auf die Menschen gewirkt haben? Einblicke geben Dokumentationen und die Exponate im Deutsch-Deutschen Museum vor Ort. Oder Otto Oeder …

Sogar Winken war verboten

Oeder war Grenzbeamter. Am Eisernen Vorhang. Am Todesstreifen. Viele Jahre lang. Von 1967 bis zur Wende 1989: »Ich habe so manchen DDR-Flüchtling in Franken empfangen«, sagt der heute 75-Jährige. Und er hat so manchen Schuss gehört … 872 Todesopfer sind offiziell an der Grenze zur DDR verzeichnet. Die Dunkelziffer dürfte weit höher liegen.

Die Grenze in dem Dorf mit nur 40 Einwohnern gab es schon lange, aber nie eine Mauer. 1810 wurden entlang des Tannbachs erste Grenzsteine gesetzt: Die eingemeißelten Initialen KB für das Königreich Bayern auf der westlichen und FR für das Fürstentum Reuß auf der östlichen Seite dokumentieren bis heute die Zugehörigkeit Mödlareuths zu verschiedenen Landesherren. Nach dem Ende des Ersten Weltkriegs ging der Westteil Mödlareuths in den neu gegründeten Freistaat Bayern, der Ostteil nach Thüringen. Der Tannbach als Grenzverlauf blieb als Verwaltungsgrenze, die das Alltagsleben aber nicht beeinträchtigte. So befanden sich Wirtshaus und Schule im thüringischen Teil, zum Gottesdienst aber ging man gemeinsam nach Bayern.

Nach Ende des Zweiten Weltkriegs lag Mödlareuth-Ost aber in der sowjetischen und Mödlareuth-West in der amerikanischen Besatzungszone. Einen Checkpoint wie in Berlin gab es nicht. Und aus einem Stacheldrahtzaun wurde 1964 eine Betonmauer. Mitten durch den Ort: Mödlareuth wurde zu einem schrecklichen Symbol der Trennung Deutschlands und ein Stück deutsche Geschichte. Mehr als 37 Jahre lang war es nicht möglich, die Grenze in Mödlareuth zu überschreiten: Familien wurden getrennt, Freundschaften, der ganze Ort. Es war sogar verboten, von Ost nach West zu winken oder zu grüßen …

← Sogar die großen Wachtürme wurden nachgebaut: Mödlareuth ist durch seine Trennung zu einem Stück deutscher Geschichte geworden.
↓ So war das damals …: In Mödlareuth gab es nicht einmal einen Übergang, selbst nach Westen winken war verboten.

INFO

ZUM HOFER WÄRSCHTLAMO

Nur gut 10 Kilometer südlich von Mödlareuth liegt Hof. Vom Rathausturm hat man einen schönen Rundblick über Stadt sowie Ausläufer von Fichtelgebirge und Frankenwald. 152 Stufen, die sich lohnen. Selten gehört ein Bahnhof zu den Sehenswürdigkeiten, doch beim Hofer Hauptbahnhof lohnt die historische Einsteighalle, ein Stück Eisenbahngeschichte in Deutschland. Und es gibt den Hofer Wärschtlamo, den man am typischen tragbaren Wärschtlakasten, Senftube und Henkelkorb für die Bredla erkennt, in denen die dampfende Knackwurst gereicht wird. Die magere Hofer Rindfleischwurst wurde sogar in das europäische Register regionaltypischer Spezialitäten aufgenommen. Die Tradition reicht bis 1881 zurück, als der erste Wärschtlamo, Johann Georg Hahn, seine Runden drehte. Ein lauter Pfiff – und der nächste Kunde kann kommen … Das gilt bis heute. Es gibt noch acht dieser mobilen Würstchenmänner in Hof.

WEITERE INFORMATIONEN

Mödlareuth liegt nahe der A72 und hat keinen Bahnhof: www.moedlareuth.de, www.hof.de

Burg Pottenstein gehört
zu den ältesten Burgen
der Fränkischen Schweiz.

MITTEL-FRANKEN

Weltoffen und reich an Historie

46

IM KARPFENLAND – AISCHGRUND

ACHT MONATE MIT »R«

Karpfen isst man nur in den Monaten, die ein »r« im Namen tragen, also von September bis April. Und der Karpfen ist nicht nur ein Symbol für den Aischgrund, westlich von Herzogenaurach und Erlangen, sondern die Lebensgrundlage vieler Einwohner. Schließlich gibt es 7185 Teiche, die bewirtschaftet werden.

Bestimmt wird es ein gebackener Karpfen und eine Halbe Bier nicht in die Rezeptsammlung der Weight Watchers schaffen«, schrieb ein Gastrokritiker einmal süffisant, »aber der Karpfen macht eine wirklich gute Figur in vielen Bereichen.« Und da liegt er nun vor einem auf dem Teller in einem einfachen Gasthaus: frisch aus dem Teich geholt, goldbraun gebraten, mit dem typischen Zahnstocherfähnchen obendrauf, auf dem der Preis steht, der sich nach dem Gewicht richtet. So gehört sich das im Aischgrund.

Auch wenn Weight Watchers vielleicht keine Fans des Karpfen werden, gesund ist er trotzdem und die Anhänger vom Null-Kilometer-Konzept sind begeistert: in den Laichteichen geschlüpft, in den Weihern des Aischgrundes aufgewachsen und in den Lokalen der Region verzehrt. Regionaler und nachhaltiger geht es kaum. Und da pflanzliches Plankton Grundlage der Nahrungskette ist, bildet sich im Karpfenfleisch ein hoher Anteil an Omega-3-Fettsäuren. Der Beste von allen ist übrigens der Original Aischgründer, den ein niedriger Fettgehalt auszeichnet. Die EU-weite geografische Angabe schützt den hochwertigen Aischgründer Karpfen, wie zum Beispiel den Nürnberger Lebkuchen.

Gemächlich und bodenständig

Die meisten Teiche wurden vom 11. bis 15. Jahrhundert angelegt. Schließlich gehört der Karpfen schon seit dem Mittelalter zum Bestandteil der europäischen Esskultur. Viele der Teiche bestehen bis heute. Derzeit bewirtschaften 1200 Teichwirte die Gewässer. Mit dem Bau der Teiche siedelte sich eine eigene und besondere Vielfalt von Pflanzen und Tieren an. Es gibt keine andere bayerische Naturlandschaft mit einer höheren Biodiversität. Ohne die Fische im Teich nähme die Artenvielfalt drastisch ab.

Das Karpfenland Aischgrund erstreckt sich von der Aischquelle bei Marktbergel über 85 Kilometer bis zur Mündung bei Forchheim. Die 7185 Teiche machen den Aischgrund zur größten zusammenhängenden Weiherlandschaft Europas. Und obgleich vor den Toren der Großstädte Nürnberg, Fürth, Erlangen gelegen, geht es im Aischgrund ruhig, gemächlich und bodenständig zu. Landschaftlich charakteristisch sind neben den Weihern viele Bachläufe, Zuflüsse, Quellen und lang gezogene Auen. Es gibt reichlich Wander- und Fahrradwege, wobei sich Wald, Wiesen und Felder, neben den Teichen, als Kulisse abwechseln. Bleibt noch die Frage nach den Monaten ohne »r«: Ab Mai beginnt die Laichzeit der Karpfen, gefolgt von der Schonzeit.

← So weit das Auge reicht: Die Karpfenweiher im Aischgrund sind umgeben von Wiesen und Feldern. Mehr als 7000 Teiche werden bewirtschaftet.
↓ Ein Denkmal für den Fisch: Der Karpfen ernährt eine ganze Region.

INFO

WOHLSTAND FÜR ALLE

Die Wiege der Sozialen Marktwirtschaft steht im nahen Fürth, von Neustadt an der Aisch nur 30 Autominuten entfernt. Gemeint ist das denkmalgeschützte Geburtshaus von Ludwig Erhard, dem späteren Bundeswirtschaftsminister und Bundeskanzler, das heute das Herzstück des Ludwig Erhard Zentrums ist. Auf 1200 Quadratmetern lädt die Dauerausstellung ein, Ludwig Erhard und die Soziale Marktwirtschaft kennenzulernen.
Erhard gilt als Vater der bis heute prägenden Sozialen Marktwirtschaft, die er 1957 in seinem Buch »Wohlstand für alle« plausibel darlegte. In einem interaktiven und digitalen Zukunftsraum können sich Besucher mit den aktuellen und zukünftigen Wirkungsfeldern und Herausforderungen der Sozialen Marktwirtschaft beschäftigen und dabei auch selbst Position beziehen.

WEITERE INFORMATIONEN

Neustadt an der Aisch liegt nahe der A3 und hat einen Regionalbahnhof: www.karpfenland-aischgrund.eu, www.neustadt-aisch.de. www.fuerth.de, www.ludwig-erhard-zentrum.de
www.nuernberg.de, www.erlangen.de

47

FOSSILIENREGION – ALTMÜHLTAL

DIE WELT IN STEIN

Mehr als 900 verschiedene Tier- und Pflanzenarten wurden im Naturpark Altmühltal bislang entdeckt. Darunter der berühmte Urvogel Archaeopteryx und andere Fossilienstars. Besonders im mittelfränkischen Solnhofen kann man sich bei der Fossiliensuche auf eine Reise durch die Evolution begeben.

Es ist eine faszinierende Welt aus längst vergangenen Zeiten: Dinosaurier durchstreiften die Landschaft, Ammoniten, Raubfische und Krokodile bevölkerten das Jurameer, während Vorfahren der Vögel, Flugsaurier und Libellen den Himmel beherrschten. Das heutige Altmühltal lag vor 147 Millionen Jahren inmitten einer subtropischen Insel- und Lagunenlandschaft. Wenn Urzeitwesen aus jener Zeit verstarben, versanken ihre Körper im Schlamm des Meeresgrundes, der sie luftdicht umschloss. Mit der Zeit versteinerten ihre Schalen und Knochen und die Kalkschichten pressten flach zusammen, was von Fischen, Sauriern und Pflanzen noch vorhanden war.

Nach Millionen von Jahren geben uns heute ihre Fossilien einen spannenden Einblick in die damalige Welt. Mehr als 900 verschiedene Tier- und Pflanzenarten hat man als Versteinerungen im Naturpark Altmühltal bereits entdeckt. Die Fossilienregion ist als Heimat des sogenannten Urvogels Archaeopteryx bekannt geworden, dessen faszinierende Versteinerungen bislang nur im Altmühltal gefunden wurden. Dabei stellten Wissenschaftler fest, dass der Archaeopteryx sowohl Merkmale von Dinosauriern als auch von modernen Vögeln trug und er damit ein interessantes Bindeglied der Evolution ist. Im Bürgermeister-Müller-Museum von Solnhofen kann man drei dieser Urvogel-Fossilien im Original bestaunen.

Im Hobbysteinbruch

Über das Gestein des Solnhofener Plattenkalks ist im Museum auch zu erfahren, dass es der Region enormen wirtschaftlichen Aufschwung brachte. Die Erfindung der Lithografie durch Alois Senefelder um 1798 zeigte, dass nur der feinkörnige Solnhofener Stein für solche Druckzwecke verwendet werden konnte. Eine Reihe von Lithografien zeigen auch die Möglichkeiten des Steindrucks im künstlerischen Bereich.

Wahrzeichen des Altmühltals ist der Ammonit, der wegen seines Aussehens oft umgangssprachlich auch als Schneckenstein bezeichnet wird, und den es von der Größe eines Fingernagels bis zu der eines Brotlaibes gibt. In den Hobbysteinbrüchen der Region dürfen auch Laien unter Aufsicht auf Ammonit-Suche gehen und ihren Fund als Andenken mit nach Hause nehmen. Wissenschaftlich bedeutende Schätze bleiben allerdings in der Gemeinde. Doch zwischen den dünnen Kalkschichten finden sich mit etwas Glück auch Muscheln, Krebse, kleine Fische oder fossile Pflanzen.

INFO

BEI DEN DINOSAURIERN

Wie das wohl war, als noch Dinosaurier Land, Meer und Lüfte bevölkerten? Auf einem 1,5 Kilometer langen Erlebnispfad durch den naturbelassenen Wald des Dinosaurier-Museums im oberbayerischen Denkendorf vermitteln mehr als 70 lebensgroße und wissenschaftsgetreue Nachbildungen das einmalige Gefühl, selbst einmal zu erleben, wie riesig so ein Saurier wirklich war. Einige sind so groß, dass sie sogar die Baumwipfel überragen. Den gewaltigen Brachiosaurus, den riesigen Diplodocus oder den gefährlichen T. rex darf man sogar berühren, um die fundierten wissenschaftlichen Erkenntnisse zu den Urzeitgiganten hautnah verstehen zu lernen. Neben diesen lebensgroßen Nachbildungen gibt es auch ein Museum mit spannenden Originalfossilien, wie das Originalskelett des mehr als 66 Millionen Jahre alten und weltweit einzigen bislang gefundenen T. rex im Teenager-Alter. Näher kann man den gigantischen Urzeitwesen nicht kommen (www.dinopark-bayern.de).

WEITERE INFORMATIONEN:

www.solnhofen.de
www.museum-solnhofen.de
www.naturpark-altmuehltal.de

← Die Felsformationen der Zwölf Apostel bilden über dem Altmühlufer eine Reihe von interessanten Felstürmen.
↑ Wie riesig Dinosaurier waren, kann man durch lebensgroße Nachbildungen in Denkendorf erleben.

48

JUGENDHERBERGE IN DER BURG – NÜRNBERG

VOM HEUTE INS GESTERN

Ist zu Hitler und dem Dritten Reich, der Nazi-Herrschaft, dem Zweiten Weltkrieg und dessen Folgen nicht schon alles gesagt? Ja. Und nein. Denn die junge Generation darf diesen schrecklichen Teil der deutschen Geschichte nicht einfach abhaken wie den Dreißigjährigen Krieg. Die Nürnberger Jugendherberge hilft dabei.

Mit Nürnberg assoziiert man Christkindlesmarkt, Lebkuchen und Nürnberger Bratwürste. Der Christkindlesmarkt hat während Corona schwer gelitten, die Lebkuchen sind zum Exportschlager avanciert und die Bratwürste bekamen mittlerweile sogar ihr eigenes Museum. Nürnberg heißt aber auch Dürer, Club und Kaiserburg. In ihr ist eine der schönsten Jugendherbergen Deutschlands untergebracht, dort wo vor Hunderten von Jahren noch die Ritter lebten. Sanierte und moderne Zimmer und Räume in alten Burgmauern sind aber nicht alles, denn die Nürnberger Jugendherberge hat einen bemerkenswerten Ansatz.

Hitzige Diskussionen

Monumental, weitläufig, hässlich: Die Tribünen am Nürnberger Zeppelinfeld waren der Schauplatz der Nazi-Masseninszenierungen. Dort feierten sich die Faschisten selbst. Dort jubelten hundertprozentige und auch halbe Nazis. Und in der Kanzel dieser Tribüne steht jetzt ein Bursche von vielleicht 16 Jahren. Seine Augen glänzen. Der Scheitel sitzt. Die Körperhaltung wirkt heroisch. Sein Blick schweift übers Gelände, erhaben, selbstbewusst. Und er sagt: »Ich kann mir das schon vorstellen, hier zu stehen, alle hören dir zu, jubeln dir zu ... Das muss schon gut sein! Egal, was man gesagt hat, die haben dir zugehört!« Er schließt die Augen, als träume er, ehe jäh aus dem Off ein barsches »Kannst du mal bitte aufhören damit!« kommt. Ein etwa gleichaltriges Mädchen stoppt den Jungen in seinen Tag- und Machtträumen und bringt eine Diskussion in Gang.

Mit solchen Videos will Sigrid Natterer die unter jungen Menschen oftmals als leidiges Thema angesehene Auseinandersetzung mit Hitler, dem Nationalsozialismus und dem Dritten Reich in Gang bringen. Das Überraschende: Sigrid Natterer ist die Leiterin der Jugendherberge in den Kaiserstallungen der Kaiserburg in Nürnberg. »Wir vermieten nicht nur Zimmer. Wir haben auch einen Bildungsauftrag!«, sagt sie. Und der scheint zu gelingen. Denn die Diskussion im Multimedia-Raum wird hitzig geführt. Die kurzen, nahe an der Realität gedrehten Sequenzen als Einstieg, aber auch historische Filmausschnitte sind die Diskussionsgrundlage. Und sie machen das vermeintlich leidige Thema auf einmal wieder aktuell. Die Jugendlichen begegnen der Vergangenheit direkt: durch Videos, Diskussionen und bei eigenen Spurensuchen – und alles findet in der Jugendherberge der altehrwürdigen Kaiserburg statt, in der übrigens auch Erwachsene nächtigen dürfen.

← Die Kaiserburg als Jugendherberge: In den Kaiserstallungen sind heute 93 Zimmer untergebracht. Die Nürnberger Juhe gehört zu den schönsten in Deutschland.
↓ Nicht zu übersehendes Wahrzeichen für Nürnberg: der Sinnwellturm mit Brunnenhaus

INFO

DIE STADT ZUR BURG

Nürnberg war die Lieblingsstadt der deutschen Kaiser. Albrecht Dürer wurde in Nürnberg geboren, lebte und starb dort. Martin Behaim schuf in dieser Stadt den ersten Globus. Und keine Frage, rund um die Kaiserburg ist Nürnberg ein kleines mittelalterliches Gesamtkunstwerk mit holperigen und abschüssigen Gassen, Fachwerkhäusern, Brunnen, der Stadtmauer, dem Dürer-Haus, Bratwurstbuden und natürlich der riesigen Burg. Sie gehört in der Regel den Touristen – mit Ausnahme von Silvester oder der Blauen Nacht, in der im Mai Licht- und Kunstinstallationen ganz Nürnberg verwandeln. Auf dem Christkindlesmarkt vermischen sich Fremde mit Einheimischen. Und echte Nembercher (Nürnberger) erlebt man beim Club: Allerdings trägt der ehemalige Deutsche Rekordmeister seine Spiele jetzt in der 2. Fußball-Bundeliga aus ...

WEITERE INFORMATIONEN

Nürnberg liegt an der A3, A6, A9, hat ICE-Verbindungen und einen internationalen Flughafen: www.nuernberg.de, www.nuernberg.jugendherberge.de, www.nuernberger-bratwuerste.de

49

BURG MIT GESCHICHTE – PAPPENHEIM

GETREUE ODER SCHURKEN?

Die Redewendung »Daran erkenn' ich meine Pappenheimer« aus Friedrich Schillers Drama »Wallensteins Tod« kennt fast jeder. Doch was genau hat sich da damals zugetragen und was hat das eigentlich alles mit den Pappenheimern zu tun?

Auf einem Bergsporn, der malerisch in einer Flussschleife der Altmühl liegt, thront Burg Pappenheim. Bereits in vorrömischer Zeit besiedelt, erlebte sie über die Jahrhunderte hinweg etliche Erweiterungen, Umbauten und Zerstörungen. Heute sieht Burg Pappenheim so aus, wie man sich ein romantisches Burggemäuer bilderbuchmäßig ausmalt: eine Vor- und Hauptburg, Zwinger, Bergfried, Bergkapelle und ein sogenannter »Kanonenweg«, der mit seinen imposanten Wehrgängen das riesige Burggelände einst mit der Stadtmauer verband.

Von hier oben eröffnet sich einem ein wunderschöner Ausblick über die Altstadt und die zauberhafte Landschaft des Altmühltals. Die Burg ist bis heute Stammsitz der Grafen zu Pappenheim, die einst mächtige Reichserbmarschalle des Heiligen Römischen Reiches waren. Der berühmteste Pappenheimer kam allerdings aus dem nahen Treuchtlingen. Gottfried Heinrich, der wegen seiner vielen in der Schlacht erworbenen Narben auch Schrammhans genannt wurde, führte die kaiserlichen Kürassiere im Dreißigjährigen Krieg (1618–1648) an und schrieb damit europäische Geschichte.

Umdeutung des Zitats

Erst Friedrich Schiller machte Gottfried Heinrich von Pappenheim und sein berüchtigtes Regiment in seiner Wallenstein-Trilogie bekannt, wobei er sich für seinen Dramenstoff frei an den realen historischen Ereignissen orientierte. Im Stück war den Pappenheimern das Gerücht zu Ohren gekommen, ihr Feldherr Wallenstein führe hinter dem Rücken des Kaisers heimlich Verhandlungen mit den feindlichen Schweden und beginge damit Verrat. Als die Pappenheimer zu zweifeln begannen, ob sie Wallenstein noch vertrauen könnten, antwortete ihnen dieser mit dem berühmten Satz: »Daran erkenn' ich meine Pappenheimer«. Wohlwollend sprach Wallenstein damit den Soldaten seine Anerkennung für ihre Treue aus.

Interessant ist jedoch, dass sich im Stück herausstellt, dass sich sowohl die Pappenheimer in Wallenstein täuschten, wie sich auch Wallenstein in den Pappenheimern täuschte. Mit der Zeit ist die einst anerkennende Grundbedeutung der Redewendung durch Ironie verfremdet worden. Nach dem Motto: Ich weiß schon, wie die sind. Heute macht der Spruch eher auf abschätzige Weise deutlich, dass man die wahren Absichten einer Person längst durchschaut hat. Gewissheit über die echten Pappenheimer kann man sich indes nur verschaffen, indem man ihnen einmal einen Besuch abstattet.

INFO

DIE WEIDENKIRCHE

Den schönsten Blick hat man von der Mitte des Chorraums aus direkt nach oben bis in den Himmel. Bayerns erste Weidenkirche aus über 1000 Weidensetzlingen bauten und pflanzten mehr als hundert Jugendliche der Evangelischen Jugend in den Osterferien 2007. Stahlrohre bilden dabei ein Rankgerüst für die sieben Rundbogen des Kirchenschiffs und für die zwölf Bogen der 17 Meter hohen Kuppel. Die Naturkirche in Pappenheim ist etwa 30 Meter lang und bietet bei trockenem Wetter von April bis Oktober 150 Personen Platz. Viele Spaziergänger oder Radfahrer nutzen auch in der gottesdienstfreien Zeit das herrliche Naturmonument, um hier zwischen den Weidengewächsen innezuhalten oder Rast zu machen. Denn es ist herrlich zu beobachten, wie die Weidenkirche sich im Wandel der Jahreszeiten immer wieder verändert: zart sprießend im Frühjahr, üppig grün im Sommer, sich zurückziehend im Herbst, klare Konturen zeigend im Winter (www.weidenkirche.ejb.de).

WEITERE INFORMATIONEN

www.pappenheim.de
www.grafschaft-pappenheim.de

← Inbegriff eines romantischen Burggemäuers: die Burgruine Pappenheim, bis heute Stammsitz der Grafen zu Pappenheim
↑ Die Naturkirche: Bayerns erste Weidenkirche aus mehr als 1000 Weidensetzlingen.

50

GEHEIMNISVOLLE UNTERWELT – POTTENSTEIN

WIE EIN BÜHNENBILD

Umringt von Bergen liegt das malerische 5000-Einwohner-Felsenstädtchen in der Fränkischen Schweiz. Schon vor dem Jahr 1000 erwähnt, zeigt sich die Burg Pottenstein mit Unter- und Oberburg, Zeughaus und Zisterne sowie Resten des Burgfrieds. Und dann gibt's auch noch Tüchersfeld und die Große Teufelshöhle!

Die mit der Piemont-Kirsche!« Wer kennt den Werbespruch nicht? Nur: Es gibt keine Piemont-Kirsche, denn dort wachsen hauptsächlich Weintrauben und Nüsse. »Die mit der fränkischen Kirsche« klänge aber nicht so gut. Dafür schmecken die jährlich bis zu 8000 Tonnen Kirschen der mehr als 200 000 Bäume in der Fränkischen Schweiz, wie es sein muss: saftig-süß und aromatisch, außen knackig, innen fleischig.

Kirschen sind ein Inbegriff für Sommer. Und ein Sommer in der Fränkischen Schweiz ist, wenn roter Klatschmohn blüht, die Buchenwälder sich im Wind wiegen, Bienen summen. Irgendwo sägt jemand Holz. Ein Huhn ist wohl entlaufen und gackert frohgemut auf der Dorfstraße herum: So kann man sich Pottenstein und Umgebung vorstellen. Natürlich hat jeder ein Auto und Internet, es gibt Supermärkte und landwirtschaftliche Maschinen, aber dennoch wirkt alles heimeliger, kuscheliger als anderswo. Und die Urlauber suchen genau das. Die wollen keine Disco oder Chill-out-Lounge. Die wollen wandern, radeln, klettern, Kirschen und Zwetschgen vom Baum klauen, Salbei und Minze riechen, die Burg Pottenstein besuchen oder eine Höhle – und vielleicht einem Bauern lauschen, der die Geschichte von einem jungen Mann erzählt: »Kein Rock war vor ihm sicher. Und so soll es eines Tages geschehen sein, dass in ein und derselben Nacht zwei Mädchen von ihm schwanger wurden. War das ein Aufruhr!«

Lebewesen, die kein Licht brauchen

Am Schöngrundsee dümpeln ein paar Ruderboote im Wasser. Das Felsendorf Tüchersfeld bietet stolz seine imposant aufragenden Felsen, die wirken, als seien sie für ein Bühnenbild modelliert worden. Im Kletterwald kraxeln Könner in luftige Höhen und in der 1,5 Kilometer langen Großen Teufelshöhle bewundern die Besucher wunderbare Tropfsteingebilde. Die größte Höhle in der Fränkischen Schweiz hat sommers wie winters konstant 9 Grad – ideal für Asthmatiker und Allergiker. Glänzende Kalkgebilde, spitz zulaufende Stalagmiten und tropfenförmige Stalaktiten: Eine Höhle ist auch beim hundertsten Besuch immer noch etwas Besonderes, weil stets geheimnisvoll und mit einem Hauch von Abenteuer behaftet. In dieser Millionen Jahre alten Unterwelt tropft es aller Orten. Es gibt winzige Lebewesen, die ohne Licht auskommen. Ein Tropfstein braucht mindestens sieben Jahre, um gerade mal 1 Millimeter zu wachsen. Und in der Teufelshöhle hätte in ihrem größten Saal sogar eine Dorfkirche Platz …

← Da kommt man aus dem Staunen nicht heraus: in der Teufelshöhle bei Pottenstein. Sommers wie winters hat sie konstant 9 Grad.
↓ Schäfer, Schafe und eine bizarre Felsnadel: auf dem Felsplateau Walberla in der Fränkischen Schweiz

INFO

ZUM TAFELBERG

Auf dem Walberla haben sich alle möglichen Völker angesiedelt. Die Kelten machten als Erste aus dem Plateau eine Kultstätte. Archäologen buddeln noch heute nach Gräbern und Hinterlassenschaften. Der markante, 512 Meter hohe Tafelberg, 30 Kilometer westlich von Pottenstein, heißt eigentlich Ehrenbürg und wird umringt vom größten geschlossenen Süßkirschenanbau in Europa. Man sieht auch immer wieder einen Schäfer: Seine 400 Tiere schenken ihm jedes Jahr 2 Tonnen Wolle. Aber sind die Lämmchen sechs Monate alt, schlachtet er sie. Auch so ist das Leben … Aber so war es immer. Den zarten Lammbraten im Gasthaus verschmäht man ja dann trotzdem nicht …

WEITERE INFORMATIONEN

Pottenstein liegt zwischen Bayreuth und Erlangen und ist nur per Auto oder Bus erreichbar. Seit 1770 ein Traditionsgasthof am Fuß der Burg Pottenstein, umrahmt von Felsen: verwinkelte Zimmer im Fachwerkhaus, Biergarten, fränkische Küche, www.goldene-krone-pottenstein.de,
www.pottenstein.de, www.walberla.de, www.fraenkische-schweiz.com

UNTER-FRANKEN

Burgen, Fachwerk und köstlicher Wein

Das Wasserschloss Mespelbrunn liegt versteckt im Wald und kann zwischen Karfreitag und Allerheiligen besichtigt werden.

51

GELEBTE TRADITIONEN – KÖNIGSBERG

KLÖSSE STATT KLOPSE

Mit dem einstigen preußischen Königsberg und seinen bekannten Klopsen hat das bayerische Königsberg nichts gemein. Burg, Fachwerkhäuser und Traditionen kennzeichnen den unterfränkischen Ort, wo es natürlich heimische Klöße gibt und keine preußischen Klopse. Die weitgehend unbekannten Haßberge umgeben das Kleinod.

Hauptmann Manfred Barfuß trägt Schwarz-Rot-Gold: Seine deutschfarbige Trikolore-Krawatte symbolisiert beim Umzug an Pfingsten, dass die Königsberger Bürgerwehr 1848 die älteste freiwillige Bürgerwehr Deutschlands ist und im Revolutionsjahr gegründet wurde. Gehisst wurde die schwarz-rot-goldene Fahne ja erstmals nur wenige Jahre zuvor, 1832 beim Hambacher Fest, dem Geburtsjahr der hiesigen Demokratie.

In Königsberg werden Traditionen aber auch weniger staatstragend gepflegt. Am Hätscherklooßabend, an jedem 30. November, warnen die Buben der Gemeinde seit jeher vor dem Feuer und kassieren dafür ein paar Münzen oder Süßigkeiten. Auch den Amtsboten gibt es noch, der früher zweimal pro Woche 50 Kilometer zu Fuß in die Residenzstadt Coburg gehen musste, um Botschaften zu überbringen.

Heimat des Regiomontanus

Königsberg in Bayern hat nichts mit den berühmten Königsberger Klopsen zu tun, die es im ehemals preußischen Königsberg gibt, das heute als Kaliningrad eine russische Exklave ist. Die 3700 bayerischen Königsberger wohnen in ihrem Ort mit Burg und Fachwerk vorwiegend aus dem 17. und 18. Jahrhundert.

Ins Auge sticht zunächst die Burg Königsberg, die über dem romantischen Örtchen thront und auf das Jahr 900 zurückgeht. Die mächtigen Grundmauern, einige Bastionen, der wiederaufgebaute Wachturm und die den Graben überspannende Brücke zeugen von der einstigen Stärke der Burg. Darunter wurde die gesamte Altstadt mit ihrem Fachwerk-Ensemble unter Denkmalschutz gestellt. Dabei hat jedes Fachwerkhaus seine eigene Geschichte, wie etwa das Geburtshaus des Astronomen und Mathematikers Johann Müller auf dem historischen Salzmarkt. Müller wurde später lateinisch Regiomontanus, also der Königsberger, genannt. Seine Sterntafeln haben die Navigationsmöglichkeiten von Seefahrern erheblich verbessert und so auch die Entdeckungsfahrten von Christoph Kolumbus oder Vasco da Gama erleichtert.

Königsberg wird von den Haßbergen umgeben, die bislang vom großen Touristenstrom verschont geblieben sind. Hügel mit dichtem Mischwald, der Main und nahezu 40 Burg- und Schlossruinen sind kennzeichnend für das bis zu 512 Meter aufsteigende Mittelgebirge, das im Süden, vom Main getrennt, an den Steigerwald angrenzt.

← Nicht nur auf der Reichsburg: Leuchtreklame und sogar Schaufenster sind in der gesamten Altstadt von Königsberg verboten.
↓ Lichtinstallation im Treppenhaus der Kunsthalle Schweinfurt: Playboy Gunther Sachs hat das Museum bekannt gemacht.

INFO

KUGELLAGER UND KUNST

Schweinfurt, 1200 Jahre alt, ehemalige Reichsstadt und heutige Industriestadt, 30 Kilometer westlich von Königstein gelegen, kämpft mit dem Motto Industrie und Kunst gegen ihr mausgraues Image. Wenn einer der beiden Großkonzerne niest, hat die ganze Stadt Schnupfen. Die zwei Großen aus Schweinfurt sind »Kugelfischer« und »Fichtel & Sachs« (heute »ZF Friedrichshafen«). Dort entwickelten die Ingenieure unter anderem die Ferrari-Kupplung, mit der Michael Schumacher mehrfach Formel-1-Weltmeister wurde.
Ernst Sachs war es, der der Stadt das Volks- und Hallenschwimmbad schenkte. Daraus wurde 2009 die Kunsthalle Schweinfurt mit dem Schwerpunkt Deutsche Kunst nach 1945. Große Beachtung fand gleich die Sammlung von Gunter Sachs, dem Industriellen-Erben, Playboy, Kunstkenner und -entdecker (Aktuelles Programm: www.kunsthalle-schweinfurt.de).

WEITERE INFORMATIONEN

Königsberg liegt nahe der A70, der Bahnhof wird aber nicht mehr bedient: www.koenigsberg.de, www.hassberge-tourismus.de, www.schweinfurt.de

52

DIE MÄRCHENSTADT – LOHR

SCHNEEWITTCHENS HEIMAT

Lohrs 15 000 Einwohner sind felsenfest überzeugt: Schneewittchen war eine von ihnen, die durch das Märchen der Brüder Grimm bekannt wurde. Aber das Städtchen am Main bietet auch in der Architektur viel Romantisches: von der Schlossanlage mit ihren vier spitzen Türmen über das Fischerviertel bis zum Bayersturm.

Schneewittchen und die vier Gemeinden ist kein neues Märchen, sondern nur ein kleiner Zankapfel. Denn das »Schneewittchen« der Brüder Grimm hat ein Zuhause. Nur welches und wo? Alfeld in Niedersachsen will die Heimat sein, was ebenso zwei Gemeinden in Hessen für sich reklamieren und – Lohr am Main, das sich selbstbewusst und werbewirksam Schneewittchenstadt nennt. Forschungen zufolge handelt es sich bei Schneewittchens Vorbild um die 1725 in Lohr geborene Maria Sophia Margaretha Catharina von Erthal. Im Lohrer Schloss, im heutigen Spessartmuseum, soll das Vorbild für die Märchengestalt zur Welt gekommen sein und gelebt haben. Der gläserne Sarg, die eisernen Pantoffeln und weitere Fixpunkte des Märchens können für Lohr belegt werden. Im Schloss kann man auch den sprechenden Spiegel sehen. Und der wilde Wald, in dem Schneewittchen ausgesetzt wurde, da sind sich alle sicher, muss der Spessart sein. »Es grüßen die schrecklichen Räuber aus dem finsteren Spessart-Wald – wo die Pferde scheuen und die Büchse knallt«: Der Spessart ist ebenso eng mit dem »Wirtshaus im Spessart« verknüpft, 1958 mit Lilo Pulver in der Hauptrolle verfilmt, wie mit »Schneewittchen«, das den Kindern regelmäßig Märchen in »ihrem« Schlossmuseum vorliest.

147 Stufen zum besten Blick

In der Schneewittchenstadt – glauben wir den Lohrern mal – steht die denkmalgeschützte, gut erhaltene Schlossanlage von 1340 mit ihren vier spitzen Türmen im Zentrum. Im 15. Jahrhundert kamen Graben und Schlossmauer dazu und auch die Bebauung des Schlossplatzes, unter anderem die Kellereischeune, ein Fachwerkhaus, in dem einst Holzfässer hergestellt wurden und in dem heute die Tourist-Information untergebracht ist.

Ein zweiter Mittelpunkt ist das Alte Rathaus von 1602: Lohr war damals eine bedeutende Stadt und entsprechend repräsentativ sollte das Rathaus sein, mit großen Einfahrtsbogen, durch die die Reiter, ohne abzusteigen, hineinreiten konnten. Direkt am Main gelegen, gab es vier Schiffsbauplätze, das Fischerviertel, das heute komplett unter Denkmalschutz steht, aber auch eine Spiegelmanufaktur.

Wer die 147 Stufen im nahen 40 Meter hohen Bayersturm nicht scheut, hat den wahrscheinlich besten Blick auf die Schneewittchenstadt. Der gut erhaltene Bayersturm hat sechs Stockwerke, wobei auf den beiden oberen Etagen der Türmer mit seiner Familie und seinem Vieh gelebt hat!

INFO

UND JETZT ZUM SHOPPING!

Die 1009 erstmals urkundlich erwähnte Stadt Wertheim mit 20 000 Einwohnern liegt rund 30 Kilometer südlich von Lohr und lohnt einen Abstecher zum Shopping ins »Wertheim Village«, direkt an der A3 gelegen. Das Luxus-Outlet mit mehr als 110 Boutiquen lockt mit bis zu 50 Prozent Ermäßigung auf exklusive Markenware. Doch am Zusammenfluss von Main und Tauber erhebt sich auch die sehenswerte Burgruine Wertheim, die innerhalb von 500 Jahren, zwischen dem 12. und 17. Jahrhundert, erbaut wurde, um schließlich im Dreißigjährigen Krieg zerstört zu werden. Im Zentrum von Wertheim finden sich zudem zahlreiche Fachwerk- und Giebelhäuser sowie das malerische Kittsteintor. Und wer Ende Juli in der Stadt ist, geht zum Altstadtfest mit Musik und Verkaufsständen mit Leckereien von süß bis herzhaft.

WEITERE INFORMATIONEN

Lohr liegt nahe der A3 und hat einen Regionalbahnhof: www.lohr.de
www.spessartmuseum.de, www.spessart-tourismus.de, www.wertheim.de, www.tbvsc.com/wertheim-village, www.altstadtfest-wertheim.de

← Schneewittchen soll im Lohrer Schloss das Licht der Welt erblickt haben.
↑ Stadtansicht auf Wertheim: Das Shopping-Center ist inzwischen bekannter als die mehr als tausend Jahre alte Burg.

53

VERSTECKTE SCHÖNHEIT – MESPELBRUNN

ECHTE RITTER-ROMANTIK

Der 170 000 Hektar weite Naturpark Spessart hat es in sich: Er ist das waldreichste Mittelgebirge und das größte zusammenhängende Laubwaldgebiet in Deutschland. Aber es gibt nicht nur jahrhundertealte Baumriesen, sondern auch das romantische Wasserschloss Mespelbrunn sowie reichlich Geschichten dazu …

Es geschah erst neulich und am helllichten Tag: Eine kleine Wandergruppe wurde bei ihrer Rast in einem abgelegenen Gasthof im Spessart von Räubern überfallen! Und wie sich herausstellte, war dies kein Einzelfall: Die Räuberbande treibt bis heute und immer wieder ihr Unwesen rund um das so versteckt und idyllisch gelegene Schloss Mespelbrunn. Die Bande hat sogar einen Namen: Sie nennen sich die Mespelbrunner Spessart-Räuber und haben buchbare »Überfälle« im Angebot, inklusive nachgestellter Szenen aus dem Film »Das Wirtshaus im Spessart«. Zur Versöhnung geben sie am Ende der Vorstellung gönnerhaft Schnaps und Spessarter Apfelwein aus …

Vom Weiherhaus zum Wasserschloss

1412 waren Spessart-Räuber nicht in unterhaltsamer, sondern in räuberischer Absicht unterwegs. Banden sorgten für Angst und Schrecken. Da ging es nicht so glimpflich aus, wie bei den Wanderern. Denn als am 1. Mai 1412 der Erzbischof Johann von Mainz dem Ritter Hamann Echter den Platz zum Espelborn für seine treu geleisteten Dienste als kurfürstlicher Forstmeister schenkte, war der Spessart ein wilder und unerschlossener Wald. Deshalb bauten die Echters das unbefestigte Weiherhaus bald in eine kleine Burg mit Mauern und Türmen um. Erst die folgenden Generationen nahmen friedlichere Zeiten zum Anlass, das abweisende Gemäuer 1569 in ein verträumtes Renaissance-Wasserschloss zu verwandeln. Über einem Seitenportal steht im Namen von Peter Echter von Mespelbrunn und seiner Gemahlin Gertraud von Adelsheim geschrieben: »Ehelich Lieb in Gott uns stete Treu Bringt, Glück und Segen ohn alle Reu. Mit Ernst und Fleiß haben wir Gott vertraut. Den Unseren zu Gut dies Haus gebaut.«

Julius Echter, der als Fürstbischof in Würzburg und Herzog in Franken 1576 das Juliusspital und 1583 die Universität in Würzburg gründete, die mächtige Festung Marienberg erbaute und das Kirchenbild Frankens mit spitzen Türmen und giebelgeschmückten Renaissance-Bauten prägte, stammt aus dieser Familie. Und noch heute besitzt die Familie Grafen von Ingelheim genannt Echter von und zu Mespelbrunn das Schloss. Sie bewohnt den Südflügel des Hauses, während der Nordflügel für die Öffentlichkeit zugänglich gemacht wurde. Für den Film »Das Wirtshaus im Spessart« stand das ganze Wasserschloss als Drehort zur Verfügung. Aufgrund seiner versteckten Lage überstand es alle Kriege unbeschadet und ist in seiner ursprünglichen Form erhalten geblieben.

← Geht's noch romantischer? Schloss Mespelbrunn liegt einsam im finsteren Spessart und ist bis heute in Privatbesitz.
↓ Eines der größten Schlösser in Franken: Schloss Johannisburg in Aschaffenburg, majestätisch über dem Main-Ufer gelegen

INFO

ROM IN KLEIN

So romantisch Mespelbrunn ist, wenn es um das größte Schloss im Spessart geht, führt der Weg ins 20 Kilometer entfernte Aschaffenburg. Das prachtvolle Wahrzeichen der Stadt ließ kein Ritter, sondern Kurfürst Johann Schweickard von Kronberg erbauen, denn Schloss Johannisburg diente als Residenz der Mainzer Kurfürsten. Monumental steht der quadratische Renaissance-Bau von 1614 mit vier Flügeln und vier Türmen direkt am Main. In der Hofbibliothek ist eine Gutenberg-Bibel aufbewahrt. Die Staatsgalerie im Schloss besitzt eine der bedeutendsten Sammlungen mit Gemälden von Lucas Cranach d. Ä. Und das Städtische Schlossmuseum beheimatet die Korkmodellsammlung des Hofkonditors Carl May: Ab 1792 schuf er detailgenaue Nachbildungen des antiken Rom »en miniature«, wie das Kolosseum.

WEITERE INFORMATIONEN

Mespelbrunn liegt abseits der A3, Abfahrt Rohrbrunn, in einem Spessart-Tal und ist nicht mit öffentlichen Verkehrsmitteln zu erreichen: www.schloss-mespelbrunn.de
www.spessart-tourismus.de, www.aschaffenburg.de

54

JÜDISCHER FRIEDHOF – MILTENBERG

DER RUHE DIE RUHE LASSEN

Verwunschen, verwildert – aber nicht vergessen: Der Alte Jüdische Friedhof von Miltenberg ist den berühmten großen Pendants von Berlin, Prag und Jerusalem in so manchem voraus. Und in Miltenberg hält man sich mit fränkischer Gelassenheit an die mainfränkische Weisheit: »Wo Wein wächst, da kann man auch leben.«

»Wozu braucht ein Friedhof einen Zaun? Wer drin ist, kommt nicht mehr heraus, und wer draußen ist, will nicht hinein!«, behauptete Mark Twain einmal. Das Törchen zum Alten Jüdischen Friedhof in Miltenberg ist brusthoch und keine wirkliche Barriere. Aber es trennt das Drinnen vom Draußen und den Tod vom Leben. »Für uns ist dieser Ort Beth Olamin, das Haus der Ewigkeit«, sagt Oded Zingher vom Verein Jüdisches Leben in Unterfranken. Sein Blick schweift über den kleinen, nur etwas mehr als 1700 Quadratmeter großen Friedhof. »Und es ist Beth Chaim, das Haus des Lebens. Denn nach dem Tod kommt ja erst das gute Leben …«

Miltenberg ist nicht groß, 10 000 Einwohner, eine mittelalterliche Fachwerkstadt, romantisch von Stadtmauer und Tortürmen umschlossen. Der Main fließt gemütlich dahin und die Menschen strahlen fränkische Gelassenheit aus. Der Alte Jüdische Friedhof liegt zwar außerhalb der Stadtmauer, aber zur City sind es keine hundert Meter. Und trotzdem ist plötzlich der Lärm weg, dieses urbane Grundbrummen, das einem ja immer erst dann auffällt, wenn es weg ist und man von einer Oase der Stille vereinnahmt wird. Am Burgweg ist so ein Platz: Der alte Baumbestand des Friedhofs scheint den Lärm einfach zu schlucken.

← Kaiser Karl IV., Fürsten und Martin Luther machten schon in Miltenberg Station: Die mittelalterliche Fachwerkstadt ist bis heute von Stadtmauer und Tortürmen umschlossen.

QR-Code statt Zettelkasten

Einen ersten jüdischen Friedhof gab es in Miltenberg schon im 14. Jahrhundert. Erste Zeugnisse vom jetzigen Alten Friedhof datieren aus dem 15. Jahrhundert und Ende des 19. Jahrhunderts war er belegt. »Ich habe jedes einzelne Grab dokumentiert«, sagt Zingher und führt zum ältesten lesbaren Grabstein von 1752. Grab 071 von Jehuda, verstorben am 2. Januar: »Der Junge, das jüngste Kind, klug war er. Sein Vater betrauerte ihn, seinen Liebling«, lautet die Grabinschrift aus dem Hebräischen übersetzt. Zinghers Dokumentation besteht nicht aus Karteikästen mit vergilbten Zetteln. Links neben dem Friedhofstörchen hat er einen QR-Code anbringen lassen. Wer diesen scannt, bekommt Zugriff auf Zinghers komplette Dokumentation mit Lageplan und allen Miltenberger Grabinschriften.

Ein Besuch auf einem jüdischen Friedhof ist für einen Nicht-Juden wie ein Besuch in einem fremden Land mit fremder Kultur. So vieles ist anders. Und so vieles kann man falsch machen. Blumen mitbringen zum Beispiel. Auf mancher Steinplatte häufeln sich nur kleine Steine. Ein uralter jüdischer Brauch: Der Ursprung soll auf den Auszug aus Ägypten zurückgehen, als die Menschen durch die Wüste zogen. Steine auf dem Grab schützten den Leichnam vor wilden Tieren. »Auf jüdischen Friedhöfen geht es aber auch um die Gleichheit aller Menschen, denn bei Toten sind die Taschen immer leer«, sagt Zingher. »Und niemand soll durch Blumenschmuck über andere gestellt werden.« Ein jüdisches Sprichwort unterstreicht das: »Lieber Blumen im Leben und Steine aufs Grab, als Steine im Leben und Blumen aufs Grab.«

Peter Sellers, einst bekannt als trotteliger Inspektor Clouseau in »Der rosarote Panther«, fragt sich allerdings: »Wenn man die Inschriften auf dem Friedhof liest, fragt man sich, wo denn eigentlich die Schurken begraben sind?« Zingher überlegt nur kurz: »Über die Toten soll nur Gutes gesagt werden.« Aber vielleicht ist es auch jüdischer Doppelsinn mit einem Hinweis an die Dienstengel, die beim Jüngsten Gericht Gott unterstützen: »Schau mal, lieber Gott, vielleicht sind die Eintragungen in Deinem Buch nicht richtig, auf dem Grabstein steht nämlich, dass er ein guter und frommer Mensch gewesen ist! Lass ihn doch ins Paradies!«

Bäume sind die Totenwächter

Allein in Deutschland gibt es rund 2000 jüdische Friedhöfe. Der in Berlin-Weißensee ist mit 115 000 Grabstellen der größte in Deutschland. Der älteste, aufgrund der Tradition auch der bedeutendste jüdische Friedhof der Welt ist der am Ölberg in Jerusalem. Mit knapp 300 000 Grabsteinen gilt er auch als der Größte. Und auf dem berühmten Alten Jüdischen Friedhof in der Innenstadt von Prag sind zwar nur 12 000 Grabsteine zu sehen, aber vermutlich dürften 100 000 Menschen dort begraben sein. Wie das trotz dem Gebot der Totenruhe ging? Eine Umbettung oder Neubelegung der Totenstätte wie auf einem christlichen Friedhof ist auf einem jüdischen Friedhof undenkbar: Deshalb wurde immer wieder neues Erdreich für neue Grabstellen aufgehäuft, so dass heute an manchen Stellen bis zu neun Grabschichten übereinander liegen.

Miltenberg ist zwar schon der Größenordnungen wegen mit den genannten berühmten Friedhöfen kaum vergleichbar. Aber dieser verwunschen-verwilderte Platz hat eine Atmosphäre, die man an keinem der anderen Friedhöfe findet. Durchschnittlich einmal pro Woche holt sich jemand gegen Pfand den Schlüssel für das Friedhofstörchen aus dem nahen Museum, während in Prag Schlangen für ein Eintrittsticket anstehen oder Smart-Gucker an der Straße des 17. November durch eine Schießscharten ähnliche Maueröffnung kostenfreie Fotos machen. Jerusalem sieht aus wie eine Steinwüste, Berlin ist ein Gartendenkmal mit gepflegten Wegen, langen Alleen, Rondells sowie Koordinaten wie Abteilung II/Feld W. Und Miltenberg? Miltenberg ist wie unberührt. Das Gras wächst und wird nur zweimal im Jahr gemäht, die Bäume stehen mächtig, als seien sie die Wächter der Toten. Die Grabsteine versinken in der Erde. Und man lässt sie auch versinken, um die Totenruhe nicht zu stören. Den Friedhof Friedhof sein lassen, der Ruhe die Ruhe lassen: Das ist das Wunderbare an diesem kleinen Alten Jüdischen Friedhof mit seinen gerade mal noch 136 sichtbaren Grabstellen.

↗ Miltenbergs Jüdischer Friedhof: Per QR-Code bekommt man Zugriff auf eine Dokumentation mit Lageplan und Grabinschriften.

← Der Marktbrunnen am Schnatterloch: schöne Kulisse für den Filmklassiker »Das Wirtshaus im Spessart« mit Liselotte Pulver

INFO

IM SCHWARZVIERTEL
Das Main-Viereck um Miltenberg ist – im Gegensatz zum Main-Dreieck um Würzburg – Rotweingebiet mit feinen Spätburgundern. Im Schwarzviertel von Miltenberg ist der Wein jedoch weit weg. Das Schwarzviertel heißt so, weil die schmalen Gassen zwischen den Häusern, die eingebettet sind zwischen dem Greinberg und dem Main, keine Sonne abbekommen. Und das dort angesiedelte »Brauhaus Faust«, 1654 gegründet, nimmt sich die Freiheit zu sagen: Unser Bier bleibt hier. »Denn unsere 19 Bierspezialitäten könnten wir nicht in gleicher Qualität produzieren, wenn wir überregional vertreiben würden«, sagt Braumeister Stefan Falk. Die Biere reifen sechs Wochen lang im 30 Meter tiefen Sandsteinkeller. Eine Großbrauerei könnte das nicht leisten. Im schönen Gasthaus Zum Riesen kann man so ein »Faust«-Bier probieren. Es stammt aus dem 12. Jahrhundert und gilt als älteste Fürstenherberge Deutschlands, sah Hexenprozesse und -verbrennungen auf dem Vorplatz, bewirtete Könige wie Karl IV., Fürsten und auch Martin Luther.

WEITERE INFORMATIONEN
Miltenberg liegt nahe der A3 und hat einen Regionalbahnhof: www.juedisches-unterfranken.de, www.miltenberg.de, www.churfranken.de, www.faust.de, www.riesen-miltenberg.de

Keine Sonnenstrahlen fallen in die engen Gassen: das Schwarzviertel von Miltenberg

55

BILDERBUCH-WEINORT – VOLKACH

WEIN SCHÖNER LAND

Wer Volkach erkundet, trifft auf Franken pur: feine Weine und fränkische Bratwürste, freundliche Leute und ein Dialekt, bei dem man B wie Baul und D wie Dür buchstabiert. Die Mainschleife ist ein Naturgeschenk und die berühmte schwebende »Madonna im Rosenkranz« wurde von Tilmann Riemenschneider geschnitzt.

Irgendwann, vor 15 bis 20 Jahren, hat es angefangen: Junge unterfränkische Winzer übernahmen vielfach das Ruder im Familienbetrieb und entdeckten die herben, gebietstypischen Sorten neu, um sie mit hohem Niveau auf den Markt und in die Gaststuben zu bringen: Riesling, Silvaner, Müller-Thurgau – gerne im typisch fränkischen Bocksbeutel abgefüllt. Und besonders Bacchus, Kerner, Scheurebe profitierten von der neuen Ausrichtung, hatten doch gerade sie das Image von besserem Fusel.

Volkach war mittendrin im Aufbruch: beim Wein, aber auch in der Gastlichkeit. Neben den zahlreichen Wirtsstuben, in denen ein Schoppen geradezu Pflicht war, entstanden moderne Vinotheken, die auch ein neues, jüngeres Publikum erschlossen. Die Lagen sind freilich die gleichen geblieben: Wer unter Weinkennern Volkach sagt, hört sofort Escherndorfer Lump und Volkacher Ratsherr. Das »Weingut Sauer« ist im Volkacher Ortsteil Escherndorf und am Lumpen beheimatet, sinnigerweise in der Bocksbeutelstraße. Besitzer Horst Sauer, einer der 14 sich selbst vermarktenden Volkacher Winzer sagt: »Der Lump ist ein echter Sonnenfänger und wahrscheinlich der beste Weinberg Frankens«.

Wo sich der Main im Kreis dreht

Wer jedoch unter Urlaubern Volkach sagt, hört sofort Mainschleife, eines der schönsten Fleckchen Frankens. Die Einheimischen sagen: Bei uns dreht sich der Main im Kreis, weil er sich hier am wohlsten fühlt ... Es ist ein Schaustück der Natur und ein kontemplativer Ort zugleich, vor allem wenn man ein Fläschchen Volkacher Riesling dabeihat. Schließlich ist die Mainschleife ein Herzstück im fränkischen Weinanbaugebiet mit einer weiteren großen Lage am Ende der Schleife, wo das Nordheimer Vögelein gedeiht. Die Nordheimer behaupten übrigens, dass es bei ihnen neben den vielen Winzern auch hundert Schnapsbrennereien gäbe ...

Volkach ist ein Bilderbuch-Weindorf mit 10 000 Einwohnern und seit dem 12. Jahrhundert sogar eine Stadt, die auf einer hochwasserfreien Terrasse erbaut wurde und zu den schönsten Orten in Unterfranken gehört. Der Marktplatz, das Obere und Untere Tor, Patrizierhäuser, die den auf Weinbau gegründeten Reichtum zeigen, und die mitten in den Weinbergen liegende Wallfahrtskirche Maria im Weingarten mit Tilman Riemenschneiders Madonna sollte man gesehen haben. Aber auch die Weindörfer wie Sommerach und Dettelbach sind einen (weinseligen) Ausflug wert ...

← Mitten in den Weinbergen gelegen: die Wallfahrtskirche Maria im Weingarten mit Tilman Riemenschneiders berühmter Madonna
↓ Eine Abtei wie eine Wehrburg: Münsterschwarzach gehört in Unterfranken zu den bedeutendsten Klöstern.

INFO

QUADRATISCH, GROSS UND MÄCHTIG

Schon aus der Ferne sieht man die vier Türme der Abtei Münsterschwarzach und schon seit mehr als tausend Jahren leben und arbeiten dort Benediktiner-Mönche: 816 gründeten sie das Monasterium Suarzaha, das Kloster an der Schwarzach, 7 Kilometer südlich von Volkach. 1803 kam die Säkularisation, währenddessen eine der ersten Papierfabriken Deutschlands ihre Arbeit in der Abtei aufnahm. Erst 1913 erfolgte die Wiederbesiedlung, doch schon 1941 hob das Nazi-Regime die Abtei erneut auf. Nach Kriegsende 1945 kehrten alle Mönche wieder in ihr Kloster zurück. Während der Flüchtlingskrise 2015 beschloss Abt Michael Reepen, die Tore des Klosters für Migranten zu öffnen und konkret zu helfen. Unbegleitete Minderjährige wurden sogar im Kloster ausgebildet. Und wer das Klosterleben auf Zeit einmal ausprobieren möchte, kann dies, nach Anmeldung, für einige Tage tun.

WEITERE INFORMATIONEN

Volkach liegt nahe der A3, hat aber keinen Bahnhof:
www.volkach.de
www.weingut-horst-sauer.de, www.abtei-muensterschwarzach.de

REGISTER

BILDNACHWEIS

4/5 lookphotos/Wohner, Heinz, 6/7 o. lookphotos/Eisenmann, Ulrike, 6 u. links lookphotos/Strauß, Andreas, 6 Mitte FooTToo/Shutterstock, 6/7 u. Mitte lookphotos/Frei, Franz Marc, 7 u. Mitte Wolfgang Zwanzger/Shutterstock, 7 u. rechts lookphotos/Frei, Franz Marc, 8/9 o. lookphotos/Ixmeier, Markus, 8 u. links lookphotos/Mirau, Rainer, 8 u. Mitte lookphotos/Frei, Franz Marc, 8/9 u. Mitte FooTToo/Shutterstock, 9 u. Mitte lookphotos/Frei, Franz Marc, 9 u. rechts lookphotos/Bäck, Christian, 10 Sina Ettmer Photography/Shutterstock, 12 lookphotos/Wothe, Konrad, 13 lookphotos/Werner, Florian, 14/15 hecke61/Shutterstock, 16 Margit Kohl, 18 Altötting/Heiner Heine, 19 o. XXX, 19 u. XXX, 20 lookphotos/Sußbauer, Franz, 21 Thomas Schauer/Shutterstock, 22 lookphotos/Stankiewicz, Thomas, 23, 25, 26 o. u. u., 27 o. Margit Kohl, 27 u. lookphotos/Strauß, Andreas, 28 lookphotos/Frei, Franz Marc, 29, 30 lookphotos/Strauß, Andreas, 31 Marik Peter/Shutterstock, 32 mauritius images/Walter Bibikow, 34 o. lookphotos/Frei, Franz Marc, 34 u., 35 o. mauritius images/Walter Bibikow, 35 u. Iva Vagnerova/Shutterstock, 37 FooTToo/Shutterstock, 38 o. lookphotos/Maier, Norbert L., 38 u. lookphotos/Wothe, Konrad, 39 o. lookphotos/Richter, Jürgen, 39 u. lookphotos/Wothe, Konrad, 40 SusaZoom/Shutterstock, 41 lookphotos/Wothe, Konrad, 42 lookphotos/Frei, Franz Marc, 43 AeroPictures/Shutterstock, 44 lookphotos/Werner, Florian, 46 o. lookphotos/Stankiewicz, Thomas, 46 u. lookphotos/Aumiller, Sonia, 47 o. lookphotos/Werner, Florian, 47 u. lookphotos/Wothe, Konrad, 48 Prien Marketing GmbH/Paul Mayall, 49 Ludwig_Fessler, 50 Margit Kohl, 51 lookphotos/Wothe, Konrad, 53 lookphotos/von Felbert, Peter, 54 o. Margit Kohl, 54 u. mauritius images/Walter Bibikow, 55 o. u. u. von Felbert, Peter, 56 lookphotos/Frei, Franz Marc, 57 Andreas Juergensmeier/Shutterstock, 58 streetflash/Shutterstock, 59 lookphotos/Zoeller, Peter Siegfried, 60 lookphotos/Werner, Florian, 62 o. u. u. lookphotos/Werner, Florian, 63 o. lookphotos/Feiner, Denis, 63 u. lookphotos/Maier, Norbert L., 65 Nuria Kreuser/Shutterstock, 66 o. lookphotos/Wothe, Konrad, 66 u. lookphotos/Frei, Franz Marc, 67 o. lookphotos/Bäck, Christian, 67 u. lookphotos/Frei, Franz Marc, 68 footageclips/Shutterstock, 69 lookphotos/Greune, Jan, 70/71 lookphotos/Mueringer, Christian, 72 FooTToo/Shutterstock, 73 cityfoto24/Shutterstock, 74 SSKH-Pictures/Shutterstock, 75 lookphotos/Jalag/Schmitz, Walter, 76 Rainer Hesse/Shutterstock, 77 cityfoto24/Shutterstock, 78 FooTToo/Shutterstock, 79 moreimages/Shutterstock, 80 Georg_89/Shutterstock, 81 Daniel Pahmeier/Shutterstock, 82 lookphotos/Steude, Sebastian, 83 liverfoerschner/Shutterstock, 84 lookphotos/Zielske, H.& D., 85 mauritius images/Alamy/Matteo, Omied, 86/87 Zyankarlo/Shutterstock, 88 mauritius images/Martin Siepmann, 90 o. lookphotos/Richter, Jürgen, 90 u. Margit Kohl, 91 o. mauritius images/imageBROKER/Martin Siepmann, 91 u. mauritius images/Ernst Wrba, 92 mauritius images/Shotshop GmbH/Alamy/Alamy Stock Photos, 93 mauritius images/Martin Siepmann, 94 lookphotos/ClickAlps, 95 lookphotos/Stankiewicz, Thomas, 96 lookphotos/ClickAlps, 97 footageclips/Shutterstock, 98 lookphotos/Strauß, Andreas, 99 lookphotos/Wrba, Ernst, 100, 101 mauritius images/Martin Siepmann, 102 lookphotos/Wohner, Heinz, 103 lookphotos/Strauß, Andreas, 104/105 Juergen Brand/Shutterstock, 106 Sina Ettmer Photography/Shutterstock, 107 Igor Marx/Shutterstock, 109 Shutterstock (KK imaging), 110 o. Touristinfo Furth im Wald (Andreas Mühlbauer), 110 u. Touristinfo Furth im Wald (Michael Cizek), 111 Touristinfo Furth im Wald (Andreas Mühlbauer), 112, 113 Incorporated,mauritius images/imageBROKER, 114 Margit Kohl, 116 Margit Kohl, 117 o. Margit Kohl, 117 u. Shutterstock (guentermanaus), 118 Incorporated,mauritius images/Alamy/blickwinkel, 119 Andreas Wolochow/Shutterstock, 120 lookphotos/Zielske, H.&D., 121 lookphotos/age fotostock, 122/123 lookphotos/Thoermer, Val, 124 lookphotos/Stankiewicz, Thomas, 125 lookphotos/travelstock44, 126 lookphotos/Thoermer, Val, 127 Maleo/Shutterstock, 128 Edler von Rabenstein/Shutterstock, 129 lookphotos/Müther, Volker, 130, 131 lookphotos/Thoermer, Val, 132 lookphotos/Böttcher, Ulf, 134 settantasette/Shutterstock, 135 lookphotos/Thoermer, Val, 136 Sina Ettmer Photography/Shutterstock, 137 Animaflora PicsStock/Shutterstock, 138/139 lookphotos/Wohner, Heinz, 140 mauritius images/imageBROKER/Norbert Probst, 141 mauritius images/Alamy/David Davies, 142 lookphotos/Wohner, Heinz, 143 mauritius images/Ernst Wrba, 144 ranconiaphoto/Shutterstock, 145 lookphotos/Frei, Franz Marc, 146 Michael von Aichberger/Shutterstock, 147 Volker Rauch/Shutterstock, 148 lookphotos/Stankiewicz, Thomas, 149 lookphotos/Wohner, Heinz, 150/151 Video Media Studio Europe/Shutterstock, 152 Andreas Zerndl/Shutterstock, 153 lookphotos/Bayerl, Günther, 154, 155, 156 lookphotos/Leue, Holger, 157 Company,lookphotos/age fotostock, 158 lookphotos/Leue, Holger, 160 RockerStocker/Shutterstock, 161 o. Langhans, mauritius images/Alamy/Stephan Langhans, 161 u. lookphotos/Leue, Holger, 162 lookphotos/Ixmeier, Markus, 163 Milan1983/Shutterstock, 166/167 lookphotos/Wothe, Konrad.

TEXTNACHWEIS

Margit Kohl: Kap. 1–7, 12–16, 20, 27–29, 31–37, 39, 47, 49.
Jochen Müssig: Vorwort, Kap. 8–11, 17–19, 21–26, 30, 38, 40–46, 48, 50–55.

IMPRESSUM

Verantwortlich: Carola Holzer
Lektorat: Birgit Günther
Layout: BUCHFLINK Rüdiger Wagner
Korrektorat: Ralf J. Klumb | The Wordworms
Repro: LUDWIG:media
Herstellung: Alexander Knoll
Printed in Slovakia by Neografia

★ ★ ★ ★ ★

Sind Sie mit diesem Titel zufrieden? Dann würden wir uns über Ihre Weiterempfehlung freuen.
Erzählen Sie es im Freundeskreis, berichten Sie Ihrem Buchhändler, oder bewerten Sie bei Onlinekauf. Und wenn Sie Kritik, Korrekturen, Aktualisierungen haben, freuen wir uns über Ihre Nachricht an Bruckmann Verlag, Postfach 40 02 09, D-80702 München oder per E-Mail an lektorat@verlagshaus.de.

Unser komplettes Programm finden Sie unter

www.bruckmann.de

Umschlagnachweis: Vorderseite: Sonnenaufgang am idyllischen Hintersee in Deutschland. (mauritius images/Stefan Liebermann)
Rückseite, oben (v.l.n.r.): Bootshütten und Stege am Ammersee (lookphotos/Werner, Florian); Bunter Fisch in Tirschenreuth (mauritius images/Siepmann); Schloß Kranzbach vor Karwendel (lookphotos/Martini, Rainer)
unten: Buckelwiesen zwischen Klais und Mittenwald (lookphotos/Jalag/Lengler, Gregor)

Die Deutsche Nationalbibliothek verzeichnet diese Publikation in der Deutschen Nationalbibliografie; detaillierte bibliografische Daten sind im Internet über http://dnb.d-nb.de abrufbar.

ISBN: 978-3-7343-2423-9